YUANCHENG
XUEXIFANGFA YU JISHU

远程学习方法与技术

（第二版）

丁 新　赵过渡　曾祥跃　穆 肃 ◎ 编著

中山大学出版社
·广州·

版权所有　翻印必究

图书在版编目(CIP)数据

远程学习方法与技术/丁新，赵过渡，曾祥跃，穆肃编著. —2版. —广州：中山大学出版社，2013.6
ISBN 978-7-306-04552-2

Ⅰ.①远… Ⅱ.①丁… ②赵… ③曾… ④穆… Ⅲ.①远距离教育—研究 Ⅳ.①G728

中国版本图书馆 CIP 数据核字（2013）第 112745 号

出 版 人：	徐　劲
策划编辑：	周建华
责任编辑：	赵丽华
封面设计：	曾　斌
责任校对：	张礼凤
责任技编：	何雅涛
出版发行：	中山大学出版社
电　　话：	编辑部 020-84111996，84113349，84111997，84110779
	发行部 020-84111998，84111981，84111160
地　　址：	广州市新港西路 135 号
邮　　编：	510275　　传　真：020-84036565
网　　址：	http://www.zsup.com.cn　　E-mail：zdcbs@mail.sysu.edu.cn
印 刷 者：	广州中大印刷有限公司
规　　格：	787mm×960mm　1/16　13.25 印张　220 千字
版次印次：	2008 年 9 月第 1 版　2013 年 6 月第 2 版　2016 年 3 月第 12 次印刷
印　　数：	41501～45000 册　　定　价：30.00 元

如发现本书因印装质量影响阅读，请与出版社发行部联系调换

第二版序言

本书作为网络教育课程——远程学习方法与技术的教材，自2008年出版以来，迄今已发行近3万册，它与网上课程配套使用，受到学习者的好评。正是由于课程拥有实力雄厚的教学团队、精心选择的教学内容、灵活方便的教学方法、丰富实用的教学资源，以及贯穿学习全过程的学习支持服务，远程学习方法与技术课程于2010年获评国家精品课程和广东省精品课程。

近年来，随着信息技术的迅速发展，国内外网络教育也取得了良好的进展，学生的信息素养普遍有了较大的提高，网络远程学习的理念、方法和技术也随之发生了很大的变化。原来教材中的一些教学内容已不再能满足学生的学习需要，为此，课程组对教材的结构和内容都作了重要调整和更新。

一是调整了教材的结构。教材第二版由基础篇、方法篇和技术篇三部分组成，其中基础篇包括远程教育概况、中山大学及其现代远程教育、远程学习流程及学习环节；方法篇包括学习平台使用方法、远程学习方法和远程学习技能；技术篇包括网络应用基本技能和移动学习技术。教材从基础篇到方法篇再到技术篇的结构调整，更好地体现了本课程不断递进的学习过程。

二是增加了对学生学习的引导。教材第二版各章的起始部分均增设了该章的内容框架和学习目标，便于学生在开始学习时，从整体上了解该章的学习目标、内容、布局和要求，使学生做到心中有数。

三是调整了教材内容。教材第二版在教学内容的选择上，结合最新的远程学习技术、信息技术的发展趋势、学生远程学习能力和技能培养的需要，对教学内容进行了重新布局和调整。不仅新增了第八章"移动学习技术"的内容，还对其他章的内容作了相应的更新和调整，各章内容调整的情况如下：

第一章远程教育概况。增加了国内外远程教育的发展概况，以便学生对国内外远程教育发展有一个总体的认识和了解，这对选择远程学习的同学们来说是有益的。

第二章中山大学及其现代远程教育。结合中山大学现代远程教育的发展现状，对组织机构及服务体系等内容进行了调整和更新。

第三章远程学习流程及学习环节。结合新近上线的教学教务管理平台，对学习流程和学习环节进行了重新调整和修改。

第四章学习平台使用方法。为了方便同学在新升级的学习平台上学习，对学习

远程学习方法与技术

平台的使用方法进行了全面更新。

  第五章远程学习方法。结合近年来的网络教学实践以及学生的学习反馈意见，紧密结合学生的网络学习特点，对该章内容进行了大范围的调整。除引导学生充分利用学校提供的学习资源外，特别重视学生对互联网学习资源的利用。

  第六章远程学习技能。对原章节的部分内容进行了重新整合和更新，重点关注学生的情绪管理能力和学习专注能力的培养。

  第七章网络应用基本技能。结合信息技术的最新发展趋势，去掉了一些学生已经熟悉的软件的应用，如文字录入、收发电子邮件、即时通讯MSN应用等，加强了学生利用搜索引擎搜索和获取学习资源，利用网络交流工具和移动终端进行教学交互等技能的培养，旨在全面提升学生的信息素养，提高学生在信息时代的学习能力。

编　者

2013年4月

第一版序言

以计算机网络和多媒体为代表的信息技术的飞速发展,有力地推动了社会进步、经济发展和科技创新,也有力地促进了教育革新。信息技术在教育中的应用,不仅促进了教育体系和结构、教育方法和手段的革新,而且引发了人们的教育思想和观念的变革。这些创新和变革,最集中的体现就是现代远程教育(网络教育)的产生和发展。

现代远程教育是运用计算机网络和多媒体技术、卫星和电子通信技术等现代信息技术进行系统教学和通信交互的新型教育形式,是一种可以将处于分离状态的教师与学生在空间或时间上有效连接进行教学的灵活教育形式。相对于其他教育形式,现代远程教育具有灵活的教学交互手段和很强的教学交互功能,以及丰富的多种媒体学习资源和资源共享途径,能够跨越教学时空、突破时空限制,自主进行有效、灵活学习等特点和优势。现代远程教育突破和拓展了延续上千年的口耳相传的人类学习传统,为社会成员创造了大量低成本、高效率、信息化的学习机会和条件,为人类进入信息时代实现终身学习的理想奠定了坚实的基础。

中国政府高度重视发展现代远程教育,提出"发展远程教育和继续教育,构建全民学习和终身学习的学习型社会"的发展战略。自教育部批准包括中山大学在内的全国知名高等学校开展现代远程教育试点以来,利用现代远程教育方式接受高等教育的学生数量快速增长。为帮助接受现代远程教育的学生群体能够顺利地由原来习惯的学习观念、方法和技能,向掌握网络学习的学习观念、方法和技能的转变和过渡,进行有关网络学习观念、技术和方法的教育,使学生尽快进行认识和观念的更新、掌握网络学习的基本方法和技能,就显得非常重要。为此,中山大学网络教育学院和华南师范大学现代远程教育研究所决定强强结合,充分利用中山大学全国著名高等学府的学术威望、综合实力与多年来成功举办网络教育的丰富经验,充分利用华南师范大学教育技术学国家重点学科在远程教育科学研究、人才培养方面的优势,理论与实践相结合,合作撰写本书,力图产生一加一大于二的效果。

本书作为一部远程教育的学术著作,毋庸置疑,需要在内容、逻辑和体例上创新;本书作为一部教授远程教育的远程教育教材,更需要针对教学目标和对象,特别是在学生、内容、教师,以及媒体、传播、交互等要素及其相互关系上,运用最新的教育技术和远程教育理念和方法进行系统设计。

远程学习方法与技术
YUANCHENG XUEXI FANGFA YU JISHU

本书汇集了作者们多年来在远程教育理论研究、实践探索方面丰富的成果和网络教学方面丰富的经验。其设计的特色和要点如下：

(1) 本书的内容包括远程学习的理念、技术和方法三部分，三部分内容既相对独立又相互融通，三者之中以学习方法为重点。针对读者和网络教育学生的实际，本书在理论上，不过分追求理论性和系统性，强调以通俗易懂的方式阐述概念、说明原理，帮助读者树立远程学习的新理念，提高对网络学习的认识；在技能上，不求全求高，以提高兴趣和易于上手为特色，使学生迅速提升自己网络学习所需要的信息获取、加工和处理的能力；在方法上，以有效性和网络学习的自主性、交互性为重点，帮助学生掌握在网上利用学习资源和学习支持服务进行自主学习，争取老师指导、同学帮助进行协作学习，以及充分利用信息技术开展混合学习的方法。

(2) 本书作为文字和印刷媒体，在多种媒体的总体设计中，处于核心和主导媒体的地位，既是教学内容的主要载体，联系网络等多种媒体和学习资源的纽带，又是组织和指导学生利用网络等多种媒体和学习资源进行有效学习的导学图。例如，学习者可以按照书中文字旁边的提示和指导，利用对应的网络课件、网站、操作动画等教学资源进行学习，以充分发挥多种媒体学习的效益。

(3) 本书和整个课程都特别重视教学交互和学习活动的设计，本书更强调在印刷媒体中学习者与学习内容之间的交互。从正文各栏目的设置到具体内容，都进行了教学交互的设计，特别是读者、学生与学习材料、学习内容之间的交互，以充分调动远程学习者的学习主动性。

(4) 本书重视因材施教，面向不同层次的学生，考虑到不同学习者的需求，进行了模块化设计。例如，在远程学习准备模块中，既设计了学生必选的基本模块，又安排了信息技术基础不同的学生选学的发展性模块。另外，为适应不同学习者的需要，除基本内容外，增加了"扩展阅读"栏目，可让基础较好、学有余力的学生学习更多的内容；还增加了"典型案例"栏目，面向各种不同层次学习者提供案例，让不同学习者都能找到适合自己情况的参考内容。

(5) 本书力图体现远程教育中必须对学生学习全过程进行"持续性关注"的基本理论。对整个远程学习过程中学生学习思想的变化，不同阶段的学习方法和技术都有针对性地进行了阐述和讲解，对学生提供的指导和服务贯穿于整个远程学习过程，使本书成为学生在整个远程学习过程中一部全程实用的指导书。

"书山有路勤为径，学海无涯苦作舟"，在人们进入信息时代之前，学习只能在"勤"和"苦"上做文章，学习成果的取得以时间的积累、利用和精力的付出为代价，"苦"和"勤"两个字为我们刻画了学习的要点和精髓。在网络时代，这句古话可以改为"书山有路网络为径，学海无涯媒体作舟"。很显然，在网络时代更强调信息素养和信息处理能力，强调借助信息技术工具使人的能力得到成倍的增强和增长。在信息时代的学习，"苦"和"勤"，要与信息技术在教育中的应用相结合，提倡借助信息技术的力量，把艰苦、枯燥和以消耗时间和精力为代价的学习变成一种乐在其中的有趣、快乐、高效的学习。

本书由丁新教授、赵过渡教授、穆肃副教授和曾祥跃博士合作编写。华南师范大学现代远程教育研究所的黄海燕、杨帆、王玲分别参与了第一、五、六、七、八章的撰稿工作。中山大学网络教育学院的容永愉、朱天庆、洪唤星、陈泽健、关雯雯等老师在本书的编写过程中提供了帮助。中山大学出版社周建华副总编辑为本书的编校付出了辛勤劳动，在此一并致谢。

由于作者水平有限，错误、疏漏在所难免，敬请读者批评指正。

编 者
2008年8月

目　录

基　础　篇

第一章　远程教育概况 …………………………………………………… 3
　第一节　远程教育的定义与特征 ……………………………………… 5
　　一、远程教育的定义 …………………………………………………… 5
　　二、远程教育的特征 …………………………………………………… 6
　　三、远程教育的地位及意义 …………………………………………… 7
　第二节　国际远程教育概况 …………………………………………… 10
　　一、远程教育起源 ……………………………………………………… 10
　　二、远程教育的办学模式 ……………………………………………… 11
　　三、知名远程教育院校 ………………………………………………… 12
　第三节　中国远程教育概况 …………………………………………… 15
　　一、中国远程教育发展历程 …………………………………………… 15
　　二、现代远程教育试点工程 …………………………………………… 17
　　三、现代远程教育运营模式 …………………………………………… 17
　第四节　远程教育教师与学习者 ……………………………………… 20
　　一、远程教育教师职责 ………………………………………………… 20
　　二、远程学习者特征 …………………………………………………… 21
　　三、对远程学习者的要求 ……………………………………………… 24

第二章　中山大学及其现代远程教育 ………………………………… 27
　第一节　中山大学简况 ………………………………………………… 28
　　一、办学历史 …………………………………………………………… 28
　　二、办学理念 …………………………………………………………… 29
　　三、学科优势 …………………………………………………………… 30
　第二节　中山大学现代远程教育介绍 ………………………………… 31
　　一、办学模式 …………………………………………………………… 31
　　二、组织架构 …………………………………………………………… 32
　　三、服务体系 …………………………………………………………… 34

四、发展现状 ……………………………………………………………… 37
第三章　远程学习流程及学习环节 ……………………………………………… 40
　第一节　学习流程 …………………………………………………………… 42
　　一、中山大学网络教育学院的学习流程 ………………………………… 42
　　二、中山大学远程学习流程的特点 ……………………………………… 43
　第二节　学习环节 …………………………………………………………… 44
　　一、登录管理平台，查看开课信息 ……………………………………… 44
　　二、缴纳课程学费，获取学习资格 ……………………………………… 49
　　三、学习网络课程，接受优质教育 ……………………………………… 50
　　四、完成课程作业，检查学习效果 ……………………………………… 53
　　五、参加学习活动，开展协作学习 ……………………………………… 54
　　六、参加辅导答疑，获取学习支持 ……………………………………… 55
　　七、进行期末复习，系统掌握知识 ……………………………………… 57
　　八、参加课程考试，获取课程学分 ……………………………………… 58
　　九、完成毕业论文（本科生）…………………………………………… 59
　　十、参加全国统考（本科生）…………………………………………… 62

方　法　篇

第四章　学习平台使用方法 ……………………………………………………… 69
　第一节　学习平台简介 ……………………………………………………… 71
　　一、学习平台的含义 ……………………………………………………… 71
　　二、学习平台运行环境 …………………………………………………… 71
　第二节　学习平台上的基本操作 …………………………………………… 73
　　一、学习平台登录 ………………………………………………………… 73
　　二、修改登录密码 ………………………………………………………… 76
　　三、查看教学通知 ………………………………………………………… 77
　第三节　学习平台上的课程学习 …………………………………………… 79
　　一、学习网络课件 ………………………………………………………… 79
　　二、完成在线作业 ………………………………………………………… 84
　　三、完成文件回应型作业 ………………………………………………… 86
　　四、查询作业成绩 ………………………………………………………… 88
　　五、参与学习活动 ………………………………………………………… 90
　第四节　学习平台上的学习交互 …………………………………………… 92

一、课程问题交互 …………………………………………… 92
　　　二、教学、教务和技术问题交互 …………………………… 94
　　　三、学习中心学生之间交互 ………………………………… 95

第五章　远程学习方法 ……………………………………………… 99
　第一节　计划制订策略 ………………………………………… 101
　　　一、制订学习计划 …………………………………………… 101
　　　二、执行学习计划 …………………………………………… 103
　　　三、评价学习计划 …………………………………………… 105
　第二节　资源利用策略 ………………………………………… 106
　　　一、利用教学资源 …………………………………………… 106
　　　二、利用互联网资源 ………………………………………… 108
　第三节　教学交互策略 ………………………………………… 113
　　　一、与学习材料交互 ………………………………………… 113
　　　二、与教师交互 ……………………………………………… 114
　　　三、与同学交互 ……………………………………………… 115
　第四节　知识学习策略 ………………………………………… 117
　　　一、明确学习目标 …………………………………………… 117
　　　二、理解性学习 ……………………………………………… 118
　　　三、检测学习效果 …………………………………………… 121
　　　四、有计划地复习 …………………………………………… 121

第六章　远程学习技能 …………………………………………… 124
　第一节　提高情绪管理能力 …………………………………… 126
　　　一、情绪管理步骤 …………………………………………… 126
　　　二、情绪管理方法 …………………………………………… 127
　第二节　提高学习专注能力 …………………………………… 129
　　　一、营造专注的环境 ………………………………………… 129
　　　二、激发专注的动力 ………………………………………… 129
　　　三、掌握专注的技巧 ………………………………………… 130
　　　四、控制专注的时间 ………………………………………… 131
　第三节　提高阅读能力 ………………………………………… 132
　　　一、五步阅读法 ……………………………………………… 133
　　　二、检视阅读法 ……………………………………………… 134
　　　三、快速阅读法 ……………………………………………… 135

技 术 篇

第七章　网络应用基本技能 …… 139
　第一节　网页浏览基本技能 …… 141
　　一、网页浏览 …… 141
　　二、网页保存 …… 143
　　三、文件下载 …… 147
　　四、文件解压 …… 151
　第二节　资料搜索基本技能 …… 153
　　一、利用搜索引擎 …… 153
　　二、利用网络百科全书 …… 156
　　三、利用数字图书馆 …… 157
　第三节　网络交流基本技能 …… 160
　　一、QQ 安装及注册 …… 160
　　二、利用 QQ 交流信息 …… 162
　　三、利用 QQ 协作学习 …… 165
　　四、利用 QQ 分享文档 …… 168
　　五、利用 QQ 邮件交流 …… 172

第八章　移动学习技术 …… 176
　第一节　移动学习设备及操作系统 …… 178
　　一、移动学习设备 …… 178
　　二、移动终端操作系统 …… 180
　第二节　移动学习资源及下载 …… 183
　　一、移动学习资源分类 …… 183
　　二、移动学习资源下载 …… 184
　第三节　基于移动学习设备的学习 …… 192
　　一、进行课程学习 …… 192
　　二、实现教学交互 …… 195
　　三、获取教学信息 …… 198

参考文献 …… 199
附录 …… 200

基础篇

包括远程教育概况、中山大学及其现代远程教育、远程学习流程及学习环节。

第一章 远程教育概况

人们常说"学无止境",尤其是在科学技术发展日新月异的今天,我们需要不断地更新知识,才能够满足个人工作和生活的需要,才能够满足社会不断发展的要求,说到底就是要进行终身学习。远程教育作为一种灵活和开放的教育方式,是实现终身学习的最佳选择之一,它以能发挥学生学习自主性,实现个性化学习的特点与优势,日益受到人们的关注和认同。为了帮助学习者较清晰地了解远程教育,本章将介绍远程教育的基本原理和发展概况。

一、内容框架

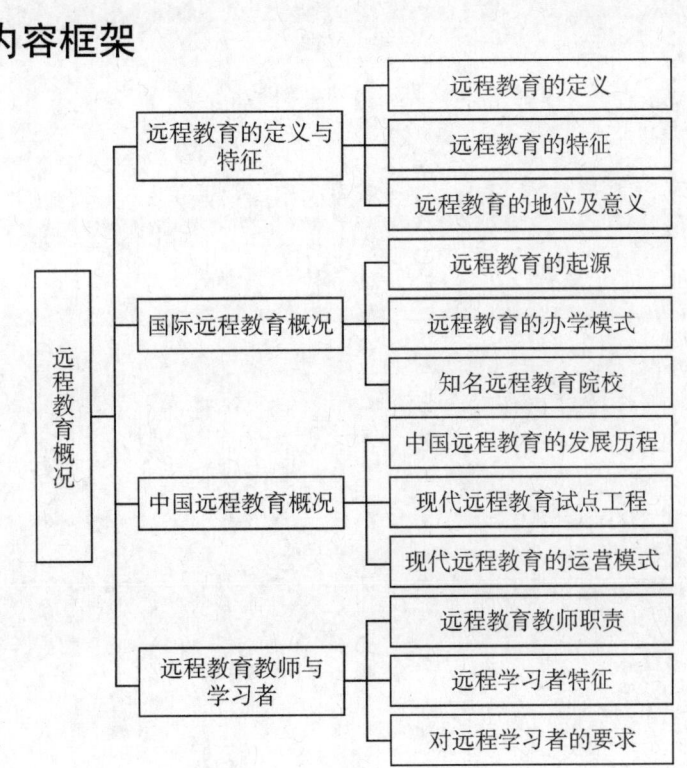

二、学习目标

通过本章学习,拟达到的学习目标有:
◇ 清楚认识远程教育的定义及特征
◇ 了解国际远程教育的发展概况
◇ 了解中国远程教育的发展历史及现状
◇ 熟悉远程教育教师及学习者的特征

第一节 远程教育的定义与特征

《孙子兵法》上说:"知己知彼,百战不殆。"作为一名参与远程教育的远程学习者,首先也要认识什么是远程教育,只有认识了远程教育的内涵及特征才能采取相应的学习策略,选择相应的学习方法去适应它,也才能如愿以偿地通过学习获取所需要的知识,因此本节先介绍远程教育的定义、特征及发展远程教育的意义。

一、远程教育的定义

亚洲开放大学协会(AAOU)对远程教育的定义是:远程教育是指在时空分离的情况下,学生与教师、学生与教学组织之间,采取多种媒体方法,进行系统教学和通信联系的教育形式。

远程教育是相对于传统教育而言的。传统教育是在教师与学生面对面的情况下开展的教育形式;而远程教育则是在媒体和技术的支持下进行的,教师和学生大多数情况下不直接见面,相互的交流主要依靠各种技术和媒体来实现,从而超越时空限制进行教与学的活动。可见,在远程教育实施过程中,教和学的活动是分开进行的,但借助技术和媒体可以让教和学的活动再度整合起来。因此可以说,远程教育是采用多种媒体、跨越教学时空、将分开进行的教与学活动重新整合的一种教育形式。

随着信息技术的发展,现在正在开展的远程教育在教学形式、知识传递方式、交互方式和媒体技术应用上出现了一些变化,人们在其前面加上"现代"两字以示区别。现代远程教育是基于当今世界三大通信网络——计算机网络、卫星通信网络和电信网络的远程教育。现代远程教育通过各种网络将承载着教学信息的音频和视频(直播或录像)等传送到校园外。计算机技术、移动通信技术和网络技术的发展,特别是无线网络和移动技术的迅猛发展,使远程教育有了质的飞跃,集中表现在以下三个方面:

一是超越了传统的教学时空,学习者可以在世界上任何地方、任何时间通过互联网进行交互式学习。

二是改变了学习模式，打破了过去学习者单向接受教师讲授的学习方式，提供更为灵活和多样的交互方式，让他们可以根据自身的特点和需要选择学习材料进行自主学习和小组学习。

三是扩大了学习者群体，使受教育者扩展到全社会，为更多人提供开放的、灵活的和终身的学习机会。

二、远程教育的特征

人们选择远程教育通常是被它灵活和开放的特点所吸引。从形式上看，远程教育具有理念开放性、技术先进性、学习自主性和资源共享性等特点；从本质上看，著名的远程教育学家德斯蒙德·基更对远程教育的特征进行了描述，他认为远程教育具有如下特征：

主题讨论

远程教育还有哪些特征？

一是在整个学习过程中，教师和学生处于准永久性分离状态。也就是说，教师与学生、学生与其他学生在时间、空间和社会文化心理上是处于分离状态的。在教与学的过程中，教师与学生处于物理时空上的分离，同时又通过信息技术及多媒体信息的传递相互联系。但教师与学生的分离并不是永久性的，远程教育并不排斥面对面的交流。

二是教育组织在建设学习资源和提供学习支持服务两方面发挥着重要作用。教育组织通常会为学生精心准备学习材料，并提供周到的学习支持服务，以帮助远程教育学生进行有效的学习，这是远程教育与个人完全自由化的自学的区别。

三是媒体与技术发挥了重要作用。远程教育的本质是实现跨越时间、空间和社会文化心理的教学活动，在这一过程中，媒体与技术是关键因素，是远程教育赖以存在的基础。

四是为远程教学提供双向通信（双向交互），使学生可以主动对话并从对话中受益，教学活动的本质是教育信息在教师与学生、学生与学生之间的传递，远程教育也是如此。传统课堂教学中的双向通信机制和多向通信机制是面对面的，而远程教学中的双向通信机制则主要是非面对面的，是基于一定的通信技术和网络技术基础的。

三、远程教育的地位及意义

1. 远程教育是我国教育的重要组成部分

我国的一系列报告和文件都明确了远程教育在教育中的重要地位。在中国共产党"十七大"的报告中，提出了"发展远程教育和继续教育，建设全民学习、终身学习的学习型社会"。在《国家中长期教育改革与发展规划纲要（2010—2020）》中提出"大力发展现代远程教育，建设以卫星、电视和互联网等为载体的远程开放继续教育及公共服务平台，为学习者提供方便、灵活、个性化的学习条件"。在《国家中长期人才发展规划纲要（2010—2020）》中也提出，"构建网络化、开放式、自主性终身教育体系，大力发展现代远程教育，支持发展各类专业化培训机构。支持建立军民结合、寓军于民的军队人才培养体系"。可见，远程教育是我国建设学习型社会的中坚力量，发展远程教育已经成为我国的一项重要国策。

国家鼓励大力发展远程教育

2. 远程教育是建设学习型社会的重要渠道

远程教育对于学习型社会的建设意义重大。学习型社会是美国学者罗伯特·哈钦斯于1968年首次提出的。在学习型社会中，学习成为个人乃至整个社会的基本生存和发展方式，终身学习的观念已经为全社会成员所认同，人们对待学习已从无意到有意，从被动到主动，从过去那种狭隘、被动和短期的行为转变为寻求知识、探索生命的自觉行为，并落实到每个人的终身发展中；教育已从一种社会义务变成人人应该享受的权利；社会各方面都创造条件为学习者提供便利，社会的教育资源向所有学习者开放；社会实行鼓励学习政策，不仅重视学历文凭，更重视真才实学，营造才尽其用、按才付酬的环境；学习活动从个体扩大到群体，社会的每个家庭和各种组织都成为学习型家庭和学习型组织等，从而形成终身学习的学习型社会。

远程教育作为构建全民学习、终身学习的学习型社会的重要手段，在建设学习型社会中发挥着重要作用，为学习型社会的构建提供多方面的支持与服务。主要表现为以下三个方面：

一是提供理论与观念的支持。构建和形成学习型社会，关键就是要在全社会成员中牢固树立起终身学习、全民学习的理念。远程教育理念的转变为学习型社会的构建提供了理论与观念基础，是对传统教育思想和理论的一个重大变革。例如,远程教育实现了从以教师的"教"为中心转向以学生的"学"为中心;从班级集体教学转向个别化自主学习;从机械、被动的学习转向研究型、协作型和灵活性主动学习;从单一媒体的教学资源呈现转向多媒体教学资源的呈现;从单纯追求知识转向追求自身综合素质和能力的提高。这些转变充分体现了终身学习和学习型社会的新理念。

二是提供技术和平台支持。实现学习型社会,满足人人学习的需要,离不开远程教育的技术和环境支持。首先,远程教育能够为学习型社会提供教育技术和学习技术,满足学习型社会对新信息技术应用的需要。其次,日益完善的远程教学平台,能够为学习型社会提供良好的学习环境支持。

三是提供资源和服务的支持。远程教育基于现代信息技术,建构了学习支持服务系统和高质量的教学资源。高质量的网络课程资源,高水平的学习支持服务,能够为教育的公平以及学习的自主化、灵活化、群体化、终身化奠定良好的基础,为学习型社会的实现提供资源和服务的支持。

3. 远程教育是个人发展的有效途径

远程教育对学习者个人发展的意义体现在以下四个方面:

一是提供学习机会,解决工学矛盾。远程教育的灵活性,为很多需要更新知识和技能的在职人员、需要掌握某种工作技能的在职人员、需要提升自身综合素质的在职人员提供了学习机会。他们无需辞职,也无需放弃家庭责任就能参与学习,在一定程度上缓解了工学矛盾。

二是培养自主学习的能力。在远程教育中,由于学生与教师处于分离状态,学习过程主要通过学生的自主学习来实现,因此学生需要自觉约束个人行为,自我设计学习过程,直至达到学习目标。学习的过程是在思维活跃、兴趣浓厚、激发灵感的状态下进行的。通过远程学习,学生在无形中培养了管理自我、约束自我的能力。

三是提高协作学习的能力。在信息技术的支持下,远程教育中的教师与学生、学生与学生的交互可以采取多种方式和途径,如学生可以通过学习平台的交流区进行交流,也可以通过QQ等方式,还可以通过手机信息与教师、同学进行即时交流。交互方式和交互内容的多样性能够提高学生参与的积极性,降低学生远程学习中的孤独感,还可以提高学生的沟通和协作能力。

四是培养终身学习的能力。随着信息技术的快速发展，知识的快速生产和淘汰，要求每个人不断地补充和更新知识。不论个人的意愿如何，终身学习是必需的。学习者通过参加远程教育，掌握远程学习的方法和技能，将能提高自身的终身学习能力。

本节小结

通过本节的学习，我们知道远程教育是能够跨越时空限制，解决在职人员工学矛盾的教育方式。远程教育特征独特，对于个人的发展和学习型社会的构建都具有重要意义，因此我们一定要先认识远程教育，掌握远程学习方法，使自己能够在学习型社会中获得良好的生存和发展。

学习活动

1. 除教材中提到的特征外，远程教育还有哪些特征？
2. 远程教育对个人发展有哪些意义？对学习型社会的建构又有哪些意义？

学习心得

_____

_____

_____

第二节 国际远程教育概况

一、远程教育的起源

远程教育起源于19世纪中期的英国,是工业社会发展的产物。工业社会产业、商业等行业的发展急需大量各行业专业人才和高技能劳动者,这给传统教育造成了巨大的压力,从而催生新的教育形态;当时,英国有着发达的印刷业和出版业,同时又首创了国家邮政服务系统,这两点促使远程教育首先在英国诞生。

函授教育是最早的远程教育形式

1840年,英国人伊萨克·皮特曼将"速记教程"制作成函授教程寄给学生,成为函授教育的开始。随后的年代里,英国各类私立学校和学院纷纷设立各种函授课程。英国大学层次的远程教育始于100多年前的新大学运动和大学推广运动。1849年 伦敦大学创建校外学位制度;19世纪60年代,英国剑桥大学首创"大学推广运动",用函授教育的方式为校外学生扩展教育。随后,美国、南非、新西兰和加拿大等国家也陆续开展函授教育。

20世纪,随着科学技术的发展和电子技术的使用,视听技术和大众媒体得到了广泛应用,远程教育也经历了从函授教育向视听教育的发展,出现了广播教育、电影教育和电视教育。20世纪70年代后,随着电视系统的发展,全球陆续出现了一批专门从事远程教育的开放大学或远程教育大学,如英国开放大学、南非大学、中国的中央广播电视大学等。

到20世纪90年代,通信技术、计算机技术和网络技术的发展和应用使远程教育进入了一个新的阶段,综合利用网络和多种媒体技术的远程教育活动得以开展,基于网络及通讯技术的远程教育出现并成为主流。也正是在这时,中国教育部启动了现代远程教育试点工程,探索信息技术支持下远程教育发展模式。

二、远程教育的办学模式

1982年,德斯蒙德·基更根据远程教育院校办学模式的不同,将世界上开展远程教育的院校分为自治型院校(单一模式院校)和混合型院校(双重模式院校)两类。

自治型院校是指只开展远程教育的院校,学校的所有教职员工都为远程教育而来。自治型院校包括公立或私立的函授院校和各种远程教育大学,前者主要使用印刷教材、利用通信来进行师生联系。后者提供丰富的学习材料、通过使用多种媒体实施教学,学生与教师和机构间的联系也呈现多样化,如英国开放大学和中国的中央广播电视大学。

混合型院校是指既开展传统教育,也开展远程教育的院校,如常规院校中的远程教育部门或机构。混合型院校又可分为三种类型:一是常规院校的独立学习部门。早在19世纪80年代,美国的64所大学就设有独立的学习部门(如函授学院),加拿大也有20个类似的机构,他们采取多种方式教学,通常辅以通信指导。二是不同院校的远程教育部门联盟。不同院校的远程教育部门通过联盟的形式为学习者提供远程教育课程。如美国中部大学、法国东部联盟以及加拿大的北方联盟等。三是澳大利亚常规院校中的远程教育部门。澳大利亚采取传统教育与远程教育一体化的办学模式,大学教师的常规教学任务不仅要承担常规在校学生的教学任务,还同时负责校外学生的教材开发和教学辅导。

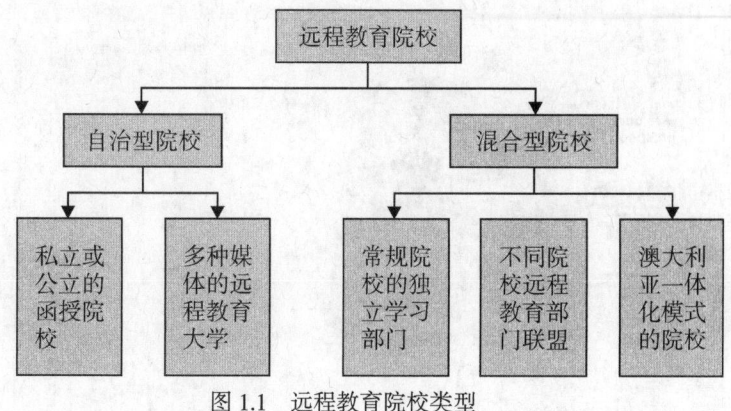

图1.1 远程教育院校类型

三、知名远程教育院校

1. 英国开放大学

英国开放大学（http://www.open.ac.uk）是国际知名的远程教育大学，它的教学质量一直在英国甚至全世界保持领先地位。2003年9月，根据英国高等教育质量保证署（QAA）的评估结果，英国开放大学在英国100多所高校中名列第五，位居传统名校牛津之前。

英国开放大学的教学质量高居英国最好的10所大学之列

目前，英国开放大学有25万多名在读学生，自1971年成立以来，已成为目前英国最大的大学，其中13%学生来自英国以外的其他国家，欧洲是该校学生主要来源地之一。由于开放大学的入学门槛比较低，修课之前不需要参加任何考试或资格检查，大约有1/3的学生入学时的水平低于一般大学学生的水平，但仍有70%的学生能成功完成学业。

英国开放大学设置了三类课程：一是本科课程，实行学分制，学生修完1学年课程，需时32周，每周12~14小时，经考试合格，可得1学分。满6学分授予普通学士学位，满8学分授予荣誉学士学位。二是研究生课程，以科研为主，研究生完成一项科研项目或高级学术研究，并递交一篇学位论文，经过评定，合格者可分别授予硕士和博士学位，但这类课程，特别是博士学位课程以面对面方式开展教学，属非远程教育项目。三是非学位课程，供希望扩大专业知识领域的学生选读，学习期限5~10个月不等。

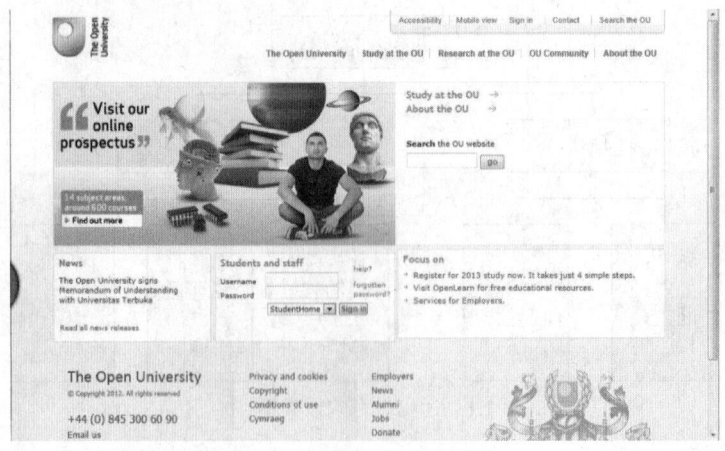

图1.2　英国开放大学网站

英国开放大学成功的因素可以归结为四点，即精心设计的多媒体教材及学习材料、对学生的个别辅导、有效的支持服务体系和较高的教师学术研究水平。由于英国开放大学教学质量高居英国最好的 10 所大学之列，其毕业生可以拿着自己的文凭与英国任何一所高校的毕业生平等地竞争应聘岗位。

2. 阿萨巴斯卡大学

阿萨巴斯卡大学（http://www.athabascau.ca/index.php）位于加拿大阿尔伯塔省，成立于 1975 年，是世界知名且特色鲜明的远程教育大学。它建立的使命是帮助阿尔伯塔、加拿大以及全球的成人扫清传统大学教育的多重限制和障碍，为他们提供平等受教育的机会，它致力于卓越的教学、科研并为公众提供服务。

阿萨巴斯卡大学主要提供远程教学的网络课程。其招生时不论申请者的教育背景，并能与其他教育机构互认学分。该大学提供人文科学、社会科学、自然科学、商业以及护理等领域的本科课程，同时它还提供商业、远程教育、健康研究和信息系统等研究生课程。

2002 年 3 月至 2003 年 3 月，共有 26 000 名学生注册了大约 45 000 门本科和研究生课程。这些数据在过去的七年中几乎翻了一番，本科课程的注册率在同一时期的增长率更为显著，从整个课程注册的 7%增加到 13%。

图 1.3　阿萨巴斯卡大学网站

3. 凤凰城大学

凤凰城大学（http://www.phoenix.edu/）于1976年成立于美国亚利桑那州，是阿波罗集团下属的教育机构，1978年获北部中心协会高等学习委员会认证，现已通过联邦和多个区域认证机构的认证，有权授予从学士到博士的学位。

凤凰城大学目前有110个学习中心，分布于美国21个州、波多黎各以及加拿大等地，已发展为全美最大的私立大学。凤凰城大学从创立开始就将培养对象定位于在职成人学生，通过先进的技术手段提供职业化、实践性的课程，以满足成人学生的职业发展和社会地位提升的需求。该校的任务是以最便利、最有效的方式为在职人员提供学习机会，因此赢得了学生的信任，办学规模不断扩大。

1989年，凤凰城大学推出了第一个以计算机为基础的教育教学系统，即网上教学系统，后逐步发展成为凤凰城大学网上校园，是首批获得认证、可以通过互联网授予学位的大学之一。他们向学生提供最新的课程、最丰富的资源以及富有经验的教师。

凤凰城大学全部采用网上授课，不设学期，采用一门课上完以后上另一门课的办法，因此学生随时可以入学参加课程学习，课程修完合格后即可毕业。相近地区的学生组成一个班级，开设班级的电子邮箱和论坛，学生可以在论坛上交流各自的作业和观点，教师也会在论坛里给予指导。学生利用计算机会议系统进行课堂讨论，提出问题或收取答复。

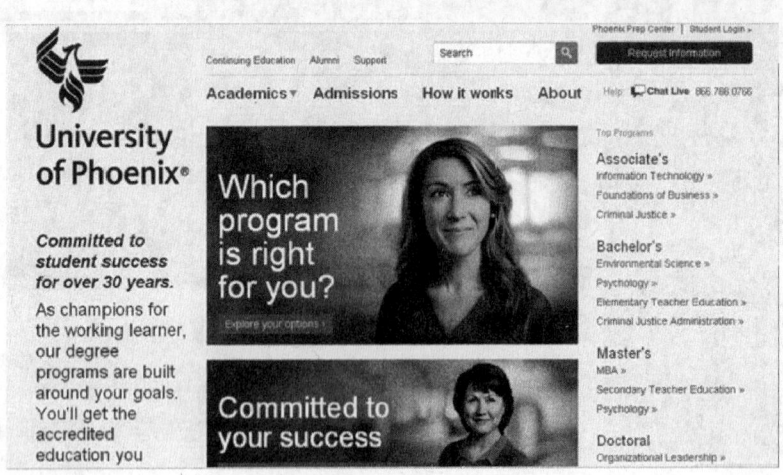

图1.4　凤凰城大学在线

本节小结

本节简要介绍了国际远程教育的起源、办学模式和远程教育院校的类型,同时将英国开放大学、加拿大阿萨巴斯卡大学和美国凤凰城大学这三所最知名且特色各异的远程教育院校介绍给远程学习者,希望学习者能对世界远程教育形成概况性的认识。

学习活动

浏览英国开放大学网站(http://www.open.ac.uk),比较一下国外远程教育大学网站与国内远程教育院校网站风格的不同之处。

* 学习心得 *

_____

_____

_____

第三节 中国远程教育概况

从函授教育、广播电视教育到网络教育,中国的远程教育也随着技术的发展而不断地演变着。

一、中国远程教育的发展历程

我国远程教育的发展大体可以分为三个阶段:函授教育、多种媒体

远程学习方法与技术
YUANCHENG XUEXI FANGFA YU JISHU

教学的远程教育和现代远程教育，这三个阶段并非前后替代的阶段，而是并行存在的。

1. 中国的函授教育

函授教育以印刷材料为主要学习资源，以传统印刷技术、邮政运输技术、早期视听技术为技术基础，以邮政传递作业和信函为主要通信手段，并辅以一定时间的面授辅导。

我国的函授教育始于20世纪初期。1914年商务印书馆创设的函授学社是我国最早的函授学校。新中国的函授教育始于1951年东北实验学校所设函授部和中华职业教育社在北京成立的函授师范学校，同年，中国人民大学获批举办高等函授教育，其后在全国各级各类高等院校中普遍开展起来，直到现在。

2. 多种媒体教学的远程教育

主题讨论
远程教育的未来发展趋势

利用多种媒体开展的远程教育采用单向传输为主的通信技术，如广播电视、卫星电视、录音、录像、光盘等，其开始的最明显标志是我国广播电视大学的成立。1977年，邓小平提出"要制定加快发展电视、广播等现代化手段的措施，这是多快好省发展教育事业的重要途径，必须引起充分的重视"，他在会见来华访问的英国前首相爱德华·希思时也明确表示要利用电视手段来加快发展我国的教育事业，同时，教育部和中央广播事业局开始筹备全国范围内的广播电视大学。1979年，中央广播电视大学在北京正式成立。

中央广播电视大学成立后，全国各个省、自治区和直辖市都相继建立了省级广播电视大学，然后又建立了地市级广播电视大学和县级工作站，形成了我国完整的广播电视大学系统。目前，达到巨型大学规模的广播电视大学，除中央广播电视大学外，还有上海广播电视大学、四川广播电视大学、江苏广播电视大学和河南广播电视大学。

3. 现代远程教育

第一代和第二代远程教育均以单向传播技术为基础，因此师生、生生之间的双向通信和交流较欠缺，而现代远程教育是建立在以计算机和互联网为基础的双向交互信息技术上的远程教育。现代远程教育在我国发展的标志是1998年教育部启动的现代远程教育试点工程。教育部先后批准了68所高校开展现代远程教育试点工作。我国在近期成立的多所开放大学也以现代远程教育的方式开展远程教育。

二、现代远程教育试点工程

1999年，在国务院批准的《面向21世纪教育振兴行动计划》中明确提出"实施'现代远程教育工程'，形成开放式教育网络，构建终身学习体系"的任务，并详细规定了其战略任务和方针方向、信息技术设施建设和软件开发制作的指导方针，实行国家统筹规划管理、通过竞争和市场运作机制的发展战略，以及鼓励和发展各级各类远程教育、实施资源共享的原则等。

1999年，教育部批准清华大学、湖南大学、北京邮电大学和浙江大学4所高校开展现代远程教育试点工作。之后，教育部分期、分批批准了62所普通高校和中央广播电视大学开展试点工作；2003年，考虑到全国教师网络联盟的任务和试点高校在地域上的分布，特批东北师范大学为试点学校；2006年和2007年为理顺管理体制，中国石油大学（华东、北京）、中国地质大学（武汉、北京）分别独立开展试点工作，一分为二；另有上海第二医科大学与上海交通大学合并，合二为一。因此，目前共有68所试点普通高校。

截至2009年，现代远程教育开设了299种专业、1 560个专业点，建设了2万多门网络教育资源和一批网络教育教学与管理系统平台，设立了9 000多个校外学习中心和教学点，其中1/4设立在西部地区，使优质教育教学资源及支持服务延伸到了西部地区、农村乡镇、城市社区、各行业、企业和部队军营等。截至2009年，全国累计招收网络本专科生近1 000万人，毕业学生500多万人，开展专业技术人才非学历教育培训数千万人次，初步探索建立了适合在职人员远程继续学习、自主化学习的教学、管理及支持服务模式，以及现代远程教育的政策和监管体系，推动了高等教育的大众化和信息化，成为发展我国多样化、终身化、网络化和开放式继续教育的重要形式。现代远程教育试点高校的办学规模呈现持续快速的增长态势，到2010年，网络教育本专科生在校人数上升至453万人。

三、现代远程教育的运营模式

当前，我国现代远程教育试点高校的运营模式主要有三种：服务外包模式、校内协作模式和独立运作模式。

服务外包模式是指远程教育院校将技术支撑服务、资源建设服务等外包给企业，由企业为学生提供技术支持等服务。

校内协作模式是指远程教育由校内的多个部门共同开展，如远程教学工作由专业院系负责，技术支撑和资源建设工作由学校技术部门负责，远程教育院校主要负责学习中心建设、招生、教务、考务管理工作，以及教学和技术服务的管理和协调工作。

独立运作模式是指远程教育院校具有完整的办学功能，独立运作，其不仅要负责学习中心建设、招生、学生管理，还需要负责教学实施和技术支撑。

不同的办学模式具有不同的组织架构，对服务外包模式，远程教育院校往往不需要设立专门的技术支撑部门或资源建设部门，而是仅设立负责相互沟通和联系的工作岗位；对校内协作模式，远程教育院校内部不需要设立专业的技术支撑部门和专门的教学实施部门；而对独立运作模式，远程教育院校则往往需要设置各类部门，因此，这类远程教育院校的人员最多，部门最全。

 **信息岛**

2012年可以开展网络高等学历教育招生的试点高校名单（按学校代码排序）

北京大学、中国人民大学、清华大学、北京交通大学、北京航空航天大学、北京理工大学、北京科技大学、北京邮电大学、中国农业大学、北京中医药大学、北京师范大学、北京外国语大学、北京语言大学、中国传媒大学、对外经济贸易大学、中国科学技术大学、中央音乐学院、南开大学、天津大学、大连理工大学、东北大学、中国医科大学、东北财经大学、吉林大学、东北师范大学、哈尔滨工业大学、东北农业大学、复旦大学、上海交通大学（含医学院）、华东理工大学、东华大学、华东师范大学、上海外国语大学、南京大学、东南大学、江南大学、浙江大学、厦门大学、福建师范大学、山东大学、中国石油大学（华东）、郑州大学、武汉大学、华中科技大学、中国地质大学（武汉）、武汉理工大学、华中师范大学、湖南大学、中南大学、中山大学、华南理工大学、华南师范大学、四川大学、重庆大学、西南交通大学、电子科技大学、西南科技大学、四川农业大学、西南大学、西南财经大学、西安交通大学、西北工业大学、西安电子科技大学、陕西师范大学、兰州大学、中国石油大学（北京）、中国地质大学（北京）、中央广播电视大学

（摘自《教育部办公厅关于做好2012年现代远程教育试点高校网络高等学历教育招生工作的通知（教职成厅〔2012〕3号）》）

本节小结

本节简要介绍了我国远程教育的发展历程。远程教育是随着信息技术的发展而不断变化的，远程教育的三个发展阶段分别代表了不同时期信息技术的发展和应用。现代远程教育试点工程是我国适应新的社会发展需要而启动的重大工程，是远程教育中的新生事物。教育部鼓励试点高校积极探索有特色的办学模式，因此远程教育的办学模式是多样的，正所谓"百花齐放，百家争鸣"。

学习活动

1. 请比较我国远程教育的三个发展阶段，并阐述现代远程教育的优势。
2. 结合信息岛中的试点高校，利用百度搜索引擎（http://www.baidu.com），以"试点高校名称+网络教育学院"为关键词（如北京大学网络教育学院）搜索至少3所试点高校的网络教育学院网站，进入网站了解该校网络教育的开展情况，然后简单描述对我国网络教育的感受。

学习心得

第四节　远程教育教师与学习者

一、远程教育教师职责

在传统教育中，一门课程一般只有一位教师，该教师不仅负责课程的讲授，而且还要负责学习辅导以及考试命题阅卷等工作。然而，在远程教育中，学习者往往会发现，讲授课程的教师与平时学习辅导的教师不同，而且课程的讲授有时也会由多位教师承担。因此，远程学习者需要对远程教育的教师有清楚的认识。

在远程教育中，负责网络课程教学的是一个团队，一个由学科专家、学科教师、辅导教师和教育技术人员等组成的教学团体。教师也不再只是课程的讲授者，而是学习过程的组织者和指导者。教师不再是教学活动的核心，而只是学习的引导者。

在现代远程教育中，课程教师通常分为课程负责人（责任教师）、主讲教师和辅导教师三类，他们在网络课程中承担着不同的责任与义务。

1. 课程负责人

（1）课程负责人的条件。每门远程教育课程都有一位课程负责人，课程负责人通常是课程所在领域的学科专家。不同远程教育院校对课程负责人的要求不同。根据国家网络教育精品资源共享课对课程负责人的要求，课程负责人应具有如下条件：具有高级专业技术职务；具有课程相同学科的学术背景，具有丰富教学经验和较高学术造诣，担任课程主讲教师；是课程及教学资源建设的主要设计者和教学过程的组织实施者。

（2）课程负责人的职责。课程负责人对整门课程负责。其具体职责包括：组建课程教学团队，负责课程的总体设计，主持学习资源建设，参与课程讲授，组织课程教学辅导，采取措施保障教学质量，负责教学团队的协调和沟通等。

2. 主讲教师

顾名思义，主讲教师的主要工作职责是"讲"，平时同学们上网观看的网络课件就是主讲教师授课的视频录像。除此之外，主讲教师在幕后还要与课程设计小组共同设计课程。

不同远程教育院校对主讲教师的职责要求不同。一般来说，主讲教师具有如下职责：参与课程设计，了解课程的总体设计和教学理念；根据教学设计，收集和整理教学内容；负责教学内容的讲授；参与网络课程其他教学资源的建设，如电子教案、媒体动画资源、电子书、移动学习资源等；指导辅导教师开展教学辅导工作。

请进入远程学习方法与技术课程，查阅主讲教师和辅导教师的情况介绍

3. 辅导教师

（1）辅导教师基本条件。辅导教师是教学辅导和学习支持服务的主要承担者，对保障教学质量起着非常关键的作用。远程教育院校为了给远程学习者提供及时有效的学习支持，通常安排辅导教师对学习过程进行指导和监督。辅导教师是学习者接触最多的教师。通常，辅导教师具有以下职责：负责课程的辅导答疑，组织学生活动，引导和督促学生学习，指导学生期末复习，批改、讲评课程作业，负责考试阅卷，收集、整理课程常见问题。

（2）辅导教师要求。对于课程辅导教师，远程教育院校通常有以下四点要求：

一是熟悉教学内容。熟悉课程的教学内容，了解课程内容体系，掌握课程的教学大纲、重点、难点、教学进度及课程方案。

二是了解学习者特征。绝大部分远程学习者是在职人员，他们需要一边工作一边学习，同时，他们也具有丰富的工作经验和经历。了解远程学习者的这些特征，能够帮助辅导教师更好地开展教学辅导工作。如在教学辅导的时间安排上，就需要尽量安排在周末或晚上。

三是保障辅导时间。辅导教师必须保证有充足的上网时间，能够及时上网答疑。

四是及时反馈问题。辅导教师在与学生的交流过程中，可能会碰到各种回复不了的问题，如果是课程问题则应及时向主讲教师请教，如果是教学安排、考试安排等方面的问题则应及时向网络教育管理人员反馈，以便及时解决学习者的问题，使学习者能够顺利地进行远程学习。

二、远程学习者特征

远程学习者的主体是成人在职人员，他们与传统教育中的学习者相比特点鲜明。作为远程学习者，了解自身的特点，更有利于自己进行远程学习。

1. 成人学习者的特征

大部分远程学习者的年龄在 20～40 之间，并有一定的工作经验和学习经验，他们的学习特征主要体现在以下方面：

(1) 自发的学习动机。成人学生不再是被父母"放进"学校接受教育的孩子，他们的学习动机往往是自发的，因此更懂得按照自己的需要和意愿选择修读的专业。如今，由于知识和技术日新月异，以及人们常常转换工作，主动学习逐渐成为时尚，人们只有不断接受各类教育和培训才能适应快速发展的社会需求；而且，社会真正的需求是人们接受教育或培训后所获得的知识和技能，而不仅仅是一纸文凭或证书。文凭只能证明学习者参加过学习或培训，并不代表学习者具备了实际工作所需要的方法或技能。

(2) 自主的学习决策。远程学习者与传统教育的学习者的另一个不同之处在于，学习者要为自己学习过程中的每个程序和步骤做决定：首先，自己决定是否接受教育、自己选择专业、自己选择学习方式、自己确定学习进程、自己选取学习媒体和学习材料，等等；其次，远程学习者还要决定在学习上投入多少时间、精力，并要制订自己的学习计划和学习目标；最后，远程学习者要自付报读课程的费用，承担学习产生的其他费用。因此，远程学习者是自主学习者。

(3) 面临多重挑战。由于远程学习者大部分的学习过程都是在与教师分开的情况下进行的，所以常常会碰到传统教育学习者所没有遇到的挑战。这些挑战来自以下几个方面：

远程学习者面临着诸多挑战！

一是学习孤独感。远程学习者与教师和修读同一课程的同学分开，很少有机会互相切磋交流，遇到学习上的难题也难以实时地进行讨论并解决问题，因此往往感到孤立无助。

二是学习信心。远程学习者已离开学校一段时间，当再次踏上系统学习之路时，会有未做好充分准备的感觉，因此一遇到困难就容易失去信心并放弃学业。

三是学习方法。有的远程学习者根据以往学校学习的经验，形成了一些对学习的固有体会或想法。例如，他们认为记住某些事实和数字至关重要，每个问题都必定有标准答案，所有问题都应该由教师来解答等。然而，由于成人是远程学习者的主体，他们具有一定的辩证思维能力，一些数据和公式也无需死记硬背，而更重要的是掌握解决问题的办法。因此，远程教育更强调对实际应用方法和综合能力的培养。原有的学习经验有时会对远程学习产生消极影响，所以学习者要形成远程学习中的新体验和新想法，具备对远程学习的正确认识，掌握远程学习的方法和技巧。

四是工学矛盾。大部分远程学习者都有自己的工作，需要照顾家庭，还要参与众多的社会活动；在生活和工作的每个范畴，他们都承担着不同的责任。对于他们来说，在参与各项活动的同时又要兼顾学习，确实相当费神。

2. 远程学习者应具备的基本能力

远程教育的特点决定了远程学习者需要以自学为主、助学为辅，为了克服面临的各种挑战和克服学习中的困难，远程教育要求学习者具备以下三方面的能力：

(1) 始终保持自发的学习动力。参加远程学习的学习者绝大部分是成人，学习动机各式各样，但也多变。刚参加远程学习时，远程学习者一般都具有较强的学习动机和学习目的，但是要在以后长达数年的学习过程中一直保持这种学习动力并不容易，因此，学习动力的保持是决定学习成败的关键。所以，学习者必须端正自己的学习动机，化学习的外动力为内动力，这样学习动力才能够持久。

(2) 自主学习的能力。学习者应该具备自己确定、安排和实施学习活动的能力，如自己决定在学习上投入多少时间，自己制订学习计划，选择并逐渐适应一种学习方法。在远程学习中，面对一个问题，积极的学习者不会只接受一个答案，或等待老师告诉答案；也不会只局限于到某本书或教材的某章某节中去寻找答案。积极的同学会主动尝试各种解决方法，产生自己的想法，经过主动探索后决定自己要做什么、怎么做。

(3) 了解和正确使用学习支持服务。远程教育与完全自发开展的自学活动不同，它是一种有组织的教育形式。教育机构会为学习者提供一系列的学习支持服务，帮助学习者克服学习中的困难。因此，远程学习者在开展远程学习时，必须清楚了解所在远程教育院校为学习者提供的学习支持服务，并学会使用各种技术和媒体获取和使用这些服务。可以说，如果学习者能够充分利用远程教育院校所提供的学习支持服务，远程学习者将会减少学习中的困难及困惑。

三、对远程学习者的要求

现代远程教育是一种以学生自学为主、教师助学为辅的教育方式。为了能够顺利地进行远程学习,远程教育对远程学习者有以下几点基本要求:

一是要学会学习。早在20世纪70年代,联合国教科文组织的国际教育发展委员会就提出了构建学习化社会的目标,并把学会学习、学会生活、学会做事、学会生存作为学习化社会的四大支柱,其中,学会学习为首位。随着信息技术的快速发展和网络资源的快速增长,如何学会网络化学习,已经成为当今时代学习者的基本技能,这也对远程学习者熟练掌握网络学习的方法与技术提出了新的要求。

二是要主动学习。在现代远程教育这种新的教育方式中,教师退到了幕后,学生来到了学习的前台,成为学习的中心。这种学习方式不仅强调学生在学习中的主体地位,而且更加强调学生学习行为的主动性。因此,大家要尽快转变学习观念,养成良好的学习习惯,主动学习。

三是要持之以恒。远程学习者绝大部分是在职人员,大家不仅要面对专业学习的困难,还要面对工作和生活的困难,因此,在学习过程中,更需要具有持之以恒的精神,只有坚持不懈的学习,才会学有所得、学有所成。

只有切实做到这几点要求,你才能顺利地完成学业,并学有所成。

 **典型案例**

远程学习者的学习总结

通过这段时间的远程学习,我真是收获不少。远程教育是一种运用计算机网络技术等现代信息手段进行知识传播和学习的全新教育学习方法,最大限度地利用业余时间接受必要的面授辅导和学习支持服务,学生可按自己的学习需要、学习进度、学习方式等自主安排学习;不再像过去在学校那样,学生始终在老师的眼皮下规规矩矩,现在是什么时候学、怎么学、学什么都由自己说了算,非常适合我们这样的在职人员接受继续教育。学生可以随时下载教学课件,通过收发电子邮件来接受教

这是一个参与远程教育的学习者写下的学习心得,从中可以了解到他对远程学习的认识和体会

师"一对一"的详细解答。无论是"教"与"学",从内容到形式都新颖独特,激发了我的学习兴趣,对我们不断地获取知识和提高教育层次是非常有益的,对日常工作起到了极大的促进作用。通过老师和大家的帮助,我收获不少,现总结如下:

1. 树立学习信心,制订学习计划

远程教育中难免会遇到许多困难和挫折,作为一个独立的学习者要对自己负起责任,树立和巩固学习信心,在每一次学习前最好先定出希望达到的目标,安排切实可行的学习进度和程度。但不能操之过急、急于求成,不要一次就定太高的目标,要循序渐进、实事求是,客观地设定自己的期望值,才不至于因达不到过高目标而打击自己的学习信心。

确定了自己的学习目标后,要拟定学习计划。首先要进行自我分析,包括与自我相关的环境分析,找出自己的长处、短处;分析与开放学习相关的物质环境和人际环境;科学地运筹学习的时间与空间等。其次,为每一个学习单元确定一个明确可行的学习目标,严格按照学习时间表完成每一个单元的学习任务和目标,脚踏实地地完成每一个学习任务和目标就会获得小小的成就感,不断地鼓舞和增强学习信心。

2. 养成良好的学习习惯

每个人都有自己的生物钟,我们应该在日常生活中摸索什么时段最适合自己学习,在学习前先让自己进入一个良好的精神状态,让自己在精力最好、头脑最清醒、注意力最集中的时间段学习,保证取得更佳的、事半功倍的效果;疲劳作业、疲倦学习,任何时候都不可取。在学习过程中没有必要强迫自己,当注意力减弱时,就适当地休息一会儿,喝点东西、散散步等,然后再集中精神专注学习。要确保利用好每一个点滴的学习机会,如果要阅读一些特别简易的读物,上下班途中坐车、等车的时间都可以利用。逐渐养成良好的学习习惯。

3. 多记笔记,增强记忆

大家都有过多年的学习经历,相信谁也不会否认笔记对于学习的重要性。尽管课件中已经包含了老师讲课演示用的幻灯片,但在听讲时适当地作一下笔记仍然是有好处的,可在"阅读记录"处注释、标记重要的内容、自己的理解及疑问、调整与修改要点。多做笔记有助于提高学习效率,可以使自己更专注于老师的讲解;有助于加强记忆,特别是对考试前的复习很有帮助。有时,除了对教材中重要的地方做记录外,还要综合其他相关资料,整理出一份内容较丰富的笔记。这份笔记应反映出学习者对学习资料的理解程度，运用自己的判断能力，把重点、难点、特殊内容记下来。在做笔记的过程中，还必须灵活思考教材的内容，这样才会提高自己的理解能力，增强记忆。

本节小结

远程教育中的各类教师，职能分工相对明确，但是，他们的目的都是为学习者提供高质量的学习资源和支持服务。在他们的帮助下，远程学习者的求学之路将会通畅很多，再加上自己的努力和毅力，学习道路将一片光明。

学习活动

1. 进入学习平台（http://elearning.ne.sysu.org.cm）中的远程学习方法与技术课程，了解课程的主讲教师和辅导教师情况，从教师介绍中能否发现主讲教师和辅导教师的特点呢？
2. 作为远程学习者，应该具备一些基本能力，你认为这些能力中，哪一种能力最为重要，并说说理由。
3. 与周围的远程学习者交流，了解其他学习者的学习和工作情况，并总结作为远程学习者的共同特征。

学习心得

_____

_____

_____

第二章 中山大学及其现代远程教育

中山大学有着深厚的历史渊源及学术传统。学校名家大师荟萃,他们优秀的品格和精湛的学术造诣熏陶着一代代莘莘学子,形成了深厚的学术传统和浓郁的人文氛围。网络教育秉承学校的优良办学传统,以优质资源为核心,以支持服务为主导,逐步形成了具有中山大学特色的网络教育办学模式。本章将引领我们了解中山大学及其现代远程教育。

一、内容框架

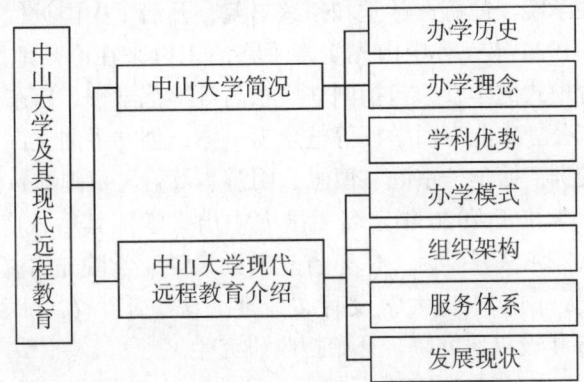

二、学习目标

通过这一章学习,拟达到的学习目标有:
◇ 了解中山大学的办学历史、办学理念和学科优势
◇ 了解中山大学现代远程教育的办学模式
◇ 熟悉中山大学现代远程教育的组织架构及职能分工
◇ 熟悉中山大学现代远程教育的服务体系
◇ 了解中山大学现代远程教育发展现状

第一节 中山大学简况

一、办学历史

中山大学是由孙中山先生亲手创立，有着100多年办学传统的综合性重点大学。今日的中山大学，由1952年院系调整后分设的中山大学和中山医科大学合并组建而成。

1835年，美国的伯驾医生在广州设立医局，培养了中国最早的西医医生，在此基础上建立了博济医院，并于1866年设立医学堂，这是中国最早的医学专科教育机构；1888年，由美国人开设的格致书院在广州开学，后发展为私立岭南大学，博济医院及其附设的医学校成为岭南大学医学院。博济医学堂和格致书院，开启了中国近代西式教育的先河。

作为中大学子，不要忘记中山大学的校训

1924年，孙中山先生亲手将清末以来在广州地区建立的实行近代教育模式的学校，包括国立广东高等师范学校、广东公立法科大学以及广东公立农业专门学校等整合为一体，创立了国立广东大学，并亲笔题写校训"博学、审问、慎思、明辨、笃行"（图2.1）。孙中山先生逝世后，学校于1926年定名为国立中山大学。其后，广东公立医科大学、国立广东法科学院、广东省立勷勤大学工学院先后并入。至20世纪30年代，国立中山大学设有文、理、法、工、农、医、师范7个学院。1935年设立研究院，开始招收研究生。

1952年全国院系调整后，原中山大学的多个院系专业被分出，其中文理科院系与岭南大学相关院系合并，组成新中山大学；同时，两校的医学院分出后，另行合并组建专门的医科院校，后又将广州的光华医学院并入，几经易名，最后定名为中山医科大学。这两所同根同源的大学，当年分别成为教育部和卫生部直属的重点大学，共同继承了由革命先行者孙中山先生亲手创办的中山大学和开创中国近代教育体系的岭南大学的办学传统，形成了独特的办学特色和大学风格，为当代中国高等教育发展作出了重要贡献。

2001年10月，原中山大学和中山医科大学合并组建新的中山大学，进一步拓宽了学科结构，成为一所包括人文科学、社会科学、自然科学、技术科学、工学、医科学、技术科学、工学、医学、药学、经济学和管理学等在内的综合性大学。

图 2.1　中山大学校训

二、办学理念

中山大学提出"大学是学术共同体"，强调"教授就是大学"，把"善待学生"放在学校工作的核心位置，这三点已经成为学校的办学核心理念。

大学应该是一个学术共同体，大学里的学者应该以学术为生存方式，大学应该不断完善制度建设。中山大学强调大学行政机构最重要的责任在于维护学术共同体的利益，"管理就是服务"、"寓管理于服务之中"已经成为学校行政工作的基本理念。

中山大学强调"教授就是大学"，教授的水平代表大学的水平，大学教师是大学精神、大学文化传统的主要塑造者和弘扬者，是大学教育教学水平和质量的尺度，是对大学生的人品、学品最具重要影响的群体。

中山大学以培养具有国际视野、满足国家与社会需求的高素质复合型拔尖创新人才为目标，着眼于培养"具有领袖气质的文明的现代人"，强调学生应该知礼、诚信、勤奋、阳光、敢于超越、勇于担当，并具有职业准备。这样的大学培养目标，让我们着眼于学生的未来发展，对他们的一生负责，这是学校"善待学生"办学理念的深层内涵。

三、学科优势

中山大学现有人文科学学院、岭南学院、管理学院等 40 个学院和 5 个直属系。另设有 5 所综合性医院以及 3 个附属专科医院。

中山大学学科门类齐全，现有 42 个博士学位授权一级学科、52 个硕士学位授权一级学科、专业学位授权领域 43 个、博士后科研流动站 39 个。学校现有 2 个一级学科国家重点学科、23 个二级学科国家重点学科、6 个二级学科国家重点（培育）学科，以及 37 个广东省重点学科，其中 20 个攀峰重点学科、17 个优势重点学科。

学校有着雄厚的师资力量。全校共有教职工 13 846 人，其中博士研究生导师 1 073 人，具有正高级职称的 1 378 人，具有副高职称的 2 510 人。教师队伍中杰出人才辈出，目前有中国科学院院士 11 人（含双聘）、中国工程院院士 2 人（含双聘）。

如要详细了解中山大学，请登录中山大学网址 http://www.sysu.edu.cn。

本节小结

本节概括性地介绍了中山大学的基本情况，中山大学深厚的文化底蕴需要同学们在今后的学习中慢慢感受。大家可以通过浏览中山大学网站，更多地了解中山大学的历史和现状。

学习活动

了解中山大学校史：登录 http://gjs.sysu.edu.cn/zsdxxs/index.html，熟悉中山大学的历史，感悟中山大学的文化底蕴。

学习心得

_____
_____
_____

第二节　中山大学现代远程教育介绍

中山大学于 2000 年 7 月经教育部批准开展现代远程教育试点工作，是教育部较早批准开展现代远程教育的试点高校。中山大学所开展的现代远程教育是基于计算机技术和互联网技术的远程教育，因此常常被通俗地称为网络教育。

一、办学模式

中山大学现代远程教育采取校内分工协作与学校统一管理的办学模式，是一种校内协作模式。具体而言，就是专业院系负责教学，网络与信息技术中心负责技术支持，网络教育学院负责管理和协调的全校办学模式。这是真正意义上的大学办教育模式，这种在全校范围内有效实现资源共建、共有和共享的现代远程教育办学模式，有别于与专业学院相隔离、由网络教育学院单独办学的模式。中山大学现代远程教育办学模式可以用图 2.2 表示。

中山大学采取全校办现代远程教育的模式，是与学校关于现代远程教育的办学权在大学、全校资源整合、学习资源建设自主开发等理念一致的，是与学校的办学能力、办学条件、办学方向和办学风格一致的，也是与教育部对试点高校现代远程教育办学权的要求和教育资源整合要求相一致的。

主题讨论
中山大学特色的办学模式具有哪些优势？

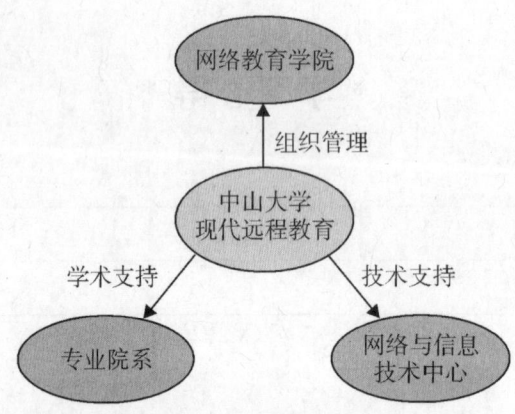

图 2.2 中山大学现代远程教育办学模式

相对于其他现代远程教育办学模式,中山大学现代远程教育办学模式具有以下几个方面的优势:

(1) 能够确保现代远程教育教学的专业性、技术支持的先进性、学习资源的整合性和管理的统一性,而且有利于调动各相关院系和单位的积极性,提高本校教师的参与率;有利于更有效地应用现代教育技术,实现资源共享的最大化。

(2) 能够体现学校的学科和专业优势。专业院系的直接参与,不仅保证了主讲教师制度的落实,而且更有利于建立由年轻教师和研究生组成的远程教育辅导教师队伍。中山大学从推进研究生"三助"工作的角度,从研究生助教学分计算的制度安排等方面,支持研究生担任远程教育辅导教师的工作。远程教育辅导教师队伍的建设,从教学结构和教师的时间投入方面保证远程教育的教学质量,完善教学支持服务。

(3) 能够发挥学校技术部门的技术支持和网络保障作用。学校网络与信息技术中心为网络教育学院配置了网络资源和专业团队,把网络教育学院作为重点服务客户,有效地形成了网络和信息资源的整合,并能达到技术支持的专业化要求。

二、组织架构

不同办学模式的远程教育院校的组织架构会有差异。中山大学现代远程教育采取的是校内分工协作与学校统一管理的全校办学模式。网络教育学院是全校远程教育的协调和管理机构，也是全校远程教育的策划和组织者。在院校层面，网络教育学院负责组织专业院系开展远程教学，负责协调网络与信息技术中心提供技术支持和保障服务。

1. 网络教育学院组织架构

中山大学网络教育学院成立于2000年，于2004年与高等继续教育学院合并，学院全称为高等继续教育学院（网络教育学院）。

中山大学网络教育学院的相关职能部门包括远程教育招生与学习中心管理部、远程教育教学部、学籍管理部、财务部、学院办公室（图2.3）。

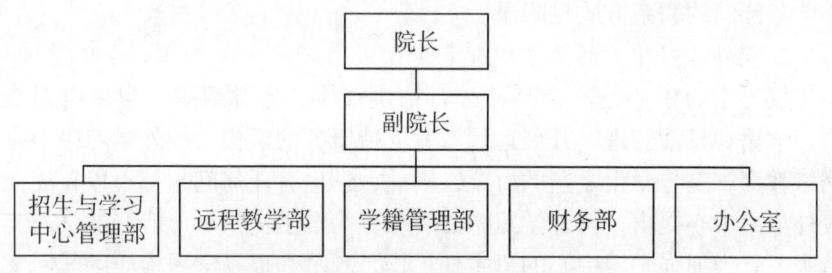

图2.3 中山大学网络教育学院组织架构

各职能部门的分工如下：

（1）远程教育招生与学习中心管理部。负责规范校外学习中心办学行为；学院与校外学习中心的沟通联络，校外学习中心相关材料的立卷、存档；校外学习中心申报、检查、评估等工作的组织和管理；招生计划和招生简章的拟定；招生宣传工作的组织；网络教育招生的报名、考试和录取工作。

（2）远程教育教学部。负责教学计划的制订、管理与实施；网络课程建设的组织与管理；教学工作安排，学生选课以及新生导学的组织；教材信息管理，学习中心教材征订工作的协调；教学辅导和统考辅导工作的组织；学习平台内容的规划、组织与管理；各类教师的培训与管理，教师账号管理；毕业论文（实习）工作。

（3）学籍管理部。负责网络教育学生学籍管理；网络教育学生成绩管理（含课程重修）；网络教育考务管理；网络教育各类信息管理与统计，学生学籍和学历证书电子注册数据的管理与上报；学习平台（学生和学习中心）账号管理；网络教育学生奖惩管理；网络教育毕业与学位管理（学士学位主干课程考试报名的组织与审核）；教育部年报、年检

熟悉各职能部门的分工能够帮助你快速获得帮助

工作。

(4) 财务部。负责财务管理及其规划、会计核算、费用控制、财务监控。

(5) 学院办公室。负责学院管理规章制度执行情况的监督，学院公文管理（文件的收发、流转和归档），学院人事工作，学院宣传工作，学院固定资产的采购和管理，学院办公楼物业管理和消防工作，投诉的接待、受理及督办，学院合作培训项目的管理。

各部门的联系方式见附录

另外，学校信息与网络技术中心专门成立了网络教育资源建设部，负责对现代远程教育提供技术支撑，包括学习资源建设、学习平台维护和管理等。

各部门的联系方式见附录。

2. 校外学习中心的基本职能

校外学习中心是配合高校进行招生宣传、生源组织、学生学习支持、学籍和日常管理，开展远程教育支持服务的机构。校外学习中心是网络教育学院与学生之间的桥梁，因此，学生有任何问题都可以首先向校外学习中心提出，校外学习中心有义务为学生提供尽可能好的学习支持服务。为加强学习中心的班主任工作，规范和提高学习中心的学习支持服务水平，中山大学网络教育学院专门制订了《中山大学网络教育班主任工作细则》。

学习中心是学生与学校之间的桥梁，有任何问题都可以先跟学习中心反映

中山大学现代远程教育的校外学习中心主要提供如下服务：配合中山大学进行招生宣传和生源组织；提供上网学习的条件；提供面对面的新生导学；配合网络教育学院组织注册和考试等工作，提供考试用的考场；传达各种教学信息和通知；帮助学生征订教材及发放各种学习材料；帮助学生提交学习材料和申请（如上交定稿的毕业论文和各种转学、转专业、免修、重修的申请等）；组织学生开展班级活动。

三、服务体系

为帮助远程学习者克服学习困难，顺利进行学习，各远程教育院校都会为学生提供多样的学习支持服务。中山大学网络教育学院为了能够为学生提供周到和完善的学习支持服务，对学习支持服务进行了精心设计，并构建了中山大学特色的学习支持服务体系。

中山大学现代远程教育的学习支持服务体系可用图2.4表示。

基 础 篇

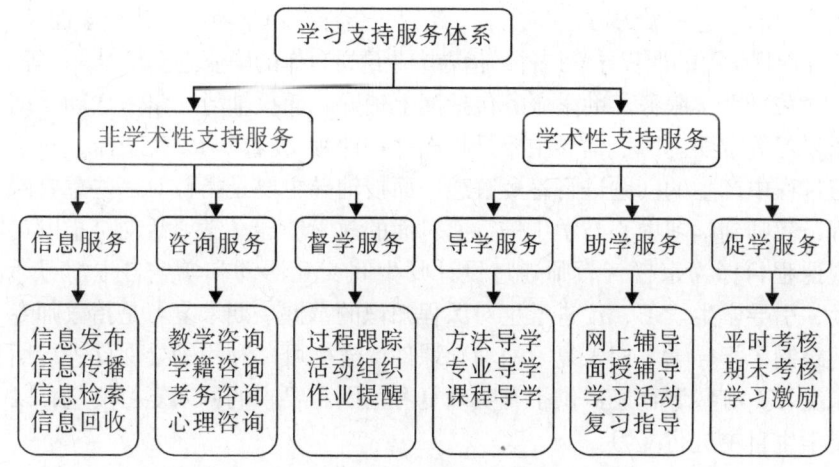

图 2.4 中山大学现代远程教育学习支持服务体系

中山大学所构建的现代远程教育学习支持服务体系包括两大部分：学术性学习支持服务和非学术性学习支持服务。

1. 学术性学习支持服务

学术性学习支持服务是指网络教育学院或学习中心为学生提供的与学习课程相关的支持服务。中山大学网络教育学院全面组织学术性学习支持服务。

(1) 导学服务。现代远程教育作为以学生自主学习为主的教育方式，引导学生学习是网络教育学院重要的工作，为此，中山大学设计了多阶段、多层面、多类型的导学，力求使导学服务贯穿于学生的整个学习过程。导学服务具有以下几个特点：

① 多阶段的导学。新生入学时，"远程学习方法与技术"课程将引领学生进入远程教育大门；在新生开始专业学习时，配备有专业导学课件，如行政管理专业的导学课件等；在新生进入课程学习时，配备有各门课程的导学课件；在期末考试前，还会为学生提供指导期末复习的辅导课件。

② 多层面的导学。导学分为多个层面，"远程学习方法与技术"课程面向全体学生，即远程教育的整体性导学；专业导学课件只面向某一专业的学生，是专业层面的导学；课程导学则是面向某一门课程，是课程层面的导学；毕业论文导学只面对教学计划中有毕业论文课程的学生。

③ 多类型的导学。不同层面的指导配备有对应的课程和课件，远

主题讨论
中山大学提供哪些类型的支持服务？

35

程学习的"远程学习方法与技术"课程；指导专业学习的专业导学课件；指导课程学习的课程导学课件；指导毕业论文写作的毕业论文导学课件等。

(2) 助学服务。助学服务包括网上辅导、面授辅导、学习活动、期末复习等方面。网上辅导主要是指教师在课程交流区与学生交流，对学习过程中产生的问题进行答疑解惑。面授辅导主要是指针对一些重要课程，教师到学习中心与学生进行面对面的教学辅导。学习活动是指以实现课程目标为宗旨，教师通过设计师生间交互活动和学生自主学习活动，引导学生学习，促进学生对课程知识的掌握。期末复习是指教师专门录制了指导学生期末复习的辅导课件，学生可以利用辅导课件进行期末复习，有些课程还提供了有明确复习范围和要求的期末复习资料，以便学生自主进行复习。

(3) 促学服务。促学服务是指教师通过监督学习过程、平时考核和期末考试等方式促进学生学习。其中，平时考核包括平时作业、学生参与学习活动等考核。通过考试、激励等方式促进学生的学习。

2. 非学术性学习支持服务

非学术性学习支持服务是指与课程与学习非直接相关的支持服务，如注册、缴费、课程安排等，主要包括三类服务，信息服务、咨询服务和督学服务。

(1) 信息服务。信息服务是基于各类教学信息所提供的服务，其中教学信息包括教学计划、教学日历、开课信息、教材信息、考试信息以及各类教学、教务通知等。由于远程教育学生具有分布广、学习分散的特点，网络教育学院如何将各类教学信息、通知及时告知学生显得尤为重要。信息服务包括两个层面：一是网络教育学院层面。网络教育学院通过学院网站、学习平台发布各类信息，学生通过访问学院网站或学习平台获取各类信息。二是学习中心层面。学习中心管理人员（班主任）作为主要的学习支持服务提供者，将各类最新的教学教务信息通过电话、QQ、手机短信等方式告知学生。

(2) 咨询服务。咨询服务是指为解答学生的非学术性问题而提供的服务。中山大学通过多种方式为学生提供咨询服务。咨询服务采取两级结构：一是网络教育学院层面。学生既可以通过网络教育学院公布的各职能部门的电话进行咨询，也可以在学习平台上的教学问题交流区、教务问题交流区和技术问题交流区进行咨询，还可以利用网络教育学院提供的各职能部门的电子邮箱进行咨询。二是在学习中心层面。学生可以通过电话、QQ、手机短信等方式咨询学习中心的管理人员（班主任）。

(3) 督学服务。督学服务则是指远程教育管理人员（主要是学习中心管理人员）根据教学工作安排，通过通知提醒、组织活动等方式督促学生按时完成各项学习任务。督学服务与学习内容不直接相关，重在"督"，如督促学生学习课程、完成作业和学生活动，为学生的学习提供督学服务。

四、发展现状

中山大学高等继续教育学院（网络教育学院）担负着全校网络教育和自学考试的管理职能，是继续教育的办学实体。学院遵循党和国家的教育方针，秉承"博学、审问、慎思、明辨、笃行"的校训精神，适应"大教育，大培训"的社会趋势，充分整合利用校内外优势资源，继往开来，锐意创新，努力践行"优质办学，服务社会"的宗旨，致力于构建终身教育体系。

中山大学是教育部首批开展现代远程教育的试点高校。自 2000 年开展试点工作以来，网络教育学院认真贯彻"积极发展、规范管理、强化服务、提高质量、开拓创新"的方针，坚持"质量第一，适度发展"的原则，在规范中开拓创新，所开设专业科类包括文、理、医等学科，基本涵盖了我校既具有学科优势又适合开展现代远程教育的学科专业。

自开展现代远程教育试点以来，学校现代远程教育取得了一定的成绩，概括起来主要包括以下五个方面：

一是建立起比较完善的管理制度。学校认真落实教育部有关现代远程教育的办学政策，贯彻学校主要领导关于继续教育必须严格管理、规范办学、维护学校声誉、提升办学水平的指示，以"质量第一、适度发展"为指导思想，建立了网络教育各方面、各环节的管理规范。管理制度的建设和逐步完善，为我校现代远程教育的稳步发展起到了重要的作用。

二是办学条件得到较大改善。自开展现代远程教育试点工作以来，学校对现代远程教育的环境建设和硬件建设，以及网络系统的维护持续投入，不断提升服务器的性能，增加网络带宽，引进具有国际先进水平的 Blackboard 学习平台，大大改善了办学条件。办学条件的改善，为基于互联网的教学活动提供了基本保障，为现代远程教育的持续发展奠定了物质基础。我校现代远程教育的网络资源的建设和使用是在全校共享的模式下实现的，这在试点高校中也是较为独特的。

　　三是完成了能基本满足远程教学需要的学习资源建设。我校远程教学的学习资源建设基于自主开发，以本校专业教师为建设主体，涵盖了全部教学环节，基本能支持在线学习的需要。经过多年的发展，中山大学积累了丰富的学习资源，学习资源涵盖文、理、医科，主要包括课程导航材料（教师简介、教学大纲等）、网络课件（主讲教师录制的教学内容）、辅导课件(辅导教师录制的期末复习内容)、章节练习、学习活动、课程相关网站等。

　　四是学习支持服务体系基本形成。真正意义的现代远程教育，必须建立在有效的学习支持服务体系之上。为此，中山大学逐步形成了现代远程教育导学的专业化、教学支持的制度化、教学辅导的常规化和网上巡学的岗位化，中山大学的远程教育学习中心也建立了班主任工作制度和督学机制，可以说，学校已经基本形成了学校、学院、学习中心三级架构的支持服务体系，能从教学活动的整个过程为学生提供支持服务。

　　五是教育质量得以提升。学校对现代远程教育提出了"质量第一、适度发展"的方针。在这一方针的指导下，学校正确处理了教育质量与办学规模的关系，网络教育学院能严格控制办学规模，与各专业学院一起，把教育质量放在现代远程教育发展的首要位置。学校现代远程教育管理制度的建立和完善、招生录取、资源建设、教学组织、考务管理、统考辅导等关键环节，均以保证教育质量为核心。

本节小结

　　本节介绍了中山大学网络教育的组织架构及服务体系，并对中山大学现代远程教育的发展现状进行了简要概况。通过本章的学习，学生可对中山大学的现代远程教育有一个较全面的了解。

学习活动

　　1. 登录中山大学高等继续教育学院（网络教育学院）网站 http://cems.sysu.org.cn/cms/，并进入"网络教育"专栏，了解网络教育版块的栏目设置及各类教学教务信息。

2. 中山大学现代远程教育办学模式具有哪些优势？

3. 比较学术性学习支持服务与非学术性学习支持服务的差别，详细列出它们各自的服务内容？

4. 校外学习中心可以为远程学习者提供哪些学习支持服务？

学习心得

_____

_____

_____

第三章 远程学习流程及学习环节

在远程教育中,教师退居到了幕后,学生成为教学活动的中心。这种教育方式要求学生养成良好的自主学习习惯,要求学生主动自觉地学习。了解学习流程、熟悉学习环节是学生顺利开展自主学习的前提。只有掌握了学习流程和每个学习环节,我们学习时才能够做到心中有数,才能够轻车熟路地开始学习。

一、内容框架

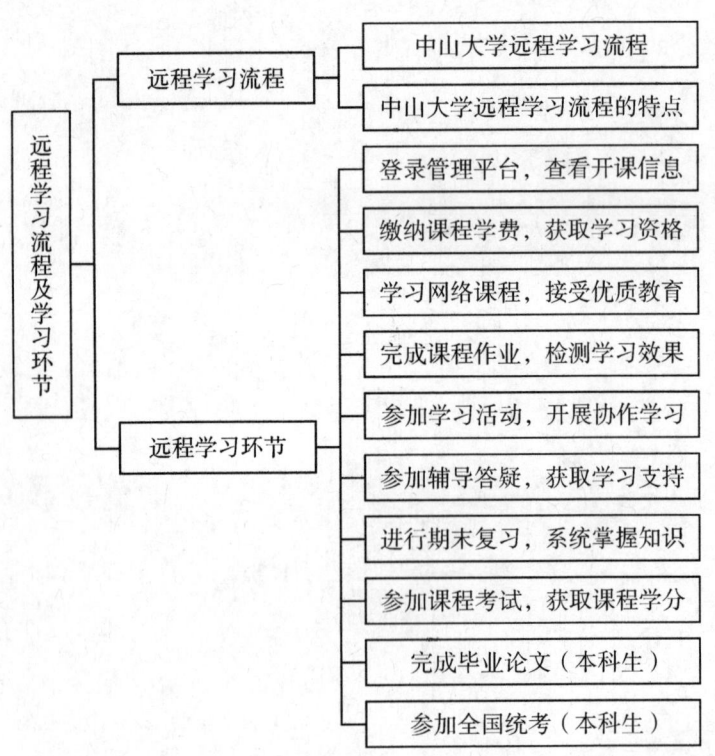

二、学习目标

通过这一章学习，拟达到的学习目标有：
◇ 了解中山大学远程教育的基本学习流程
◇ 熟悉远程学习的各个环节
◇ 了解远程学习各环节的具体要求和注意事项

第一节 学习流程

学习流程是对学习过程的一种可视化表现,它有利于帮助学生了解学习的具体步骤和环节,同时也指明了学生在学习过程中努力的重点和方向。

学习流程通常用由具体的图标和有向线段组成的流程图来描述。通过学习流程图,学生可以更加清楚地知道具体的学习环节、各环节间的关系、各环节的前后顺序等,从而清楚地了解远程学习流程,以利于顺利进行远程学习。

一、中山大学远程学习流程

中山大学网络教育的远程学习流程图可用如图 3.1 表示。

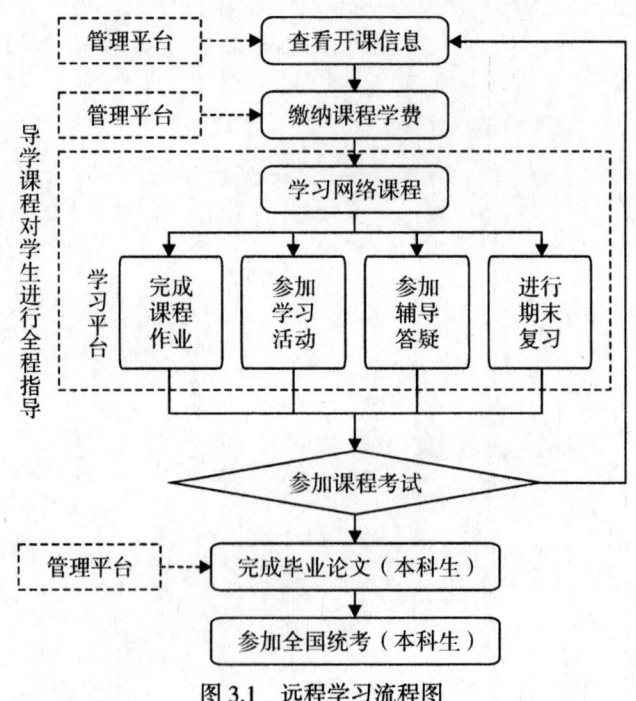

图 3.1 远程学习流程图

中山大学的远程学习流程包含十个学习环节：查看课程信息、缴纳课程学费、学习网络课程、参加辅导答疑、完成课程作业、参加学习活动、进行期末复习、参加课程考试、完成毕业论文（本科生）、参加全国统考（本科生）。其中，第一、第二个学习环节是学生正式学习课程之前的必须环节，用于确定拟学习的课程并根据选取课程缴纳学费。第三至第七环节是课程学习环节，是所有课程学习必经的环节，也是整个学习流程中最重要的学习环节。第八个学习环节是评估考试，是检验学习效果的环节。最后两个环节是完成毕业论文和参加统考，是本科学生必经的学习环节。

二、中山大学远程学习流程的特点

概括而言，中山大学的远程学习流程包含一门课程、两个平台和十个学习环节。

一门课程是指"远程学习方法与技术"课程，该课程对学生远程学习过程提供全程指导，对学生的学习过程进行持续性关注。

两个平台是指管理平台和学习平台。管理平台是学生了解各类教学教务信息，查看开课信息、考试预约等活动的网络平台；学习平台是学生进行远程学习的网络平台。现在，这两个平台已经实现了无缝链接，学生可以从管理平台直接进入学习平台。

十个学习环节包括查看开课信息、缴纳课程学费、学习网络课程、参加辅导答疑、完成课程作业、参加学习活动、进行期末复习、参加课程考试、完成毕业论文（本科生）、参加全国统考（本科生）。其中，查看开课信息和缴纳学费是网络学习的先导环节和必经环节，而完成论文（实践）主要针对本科学生。另外，各个专业的毕业实习（实践）要求也不同，大部分专业要求学生完成毕业论文或毕业实践。参加全国统考是指本科学生需要参加全国统一组织的公共基础课考试。

本节小结

本节简要介绍了中山大学网络教育的远程学习流程，并对各环节的关系进行了简要说明。只有清楚地知道自己要经过哪些学习环节，哪些学习过程，学生才能有序地进行学习。

学习心得

＿＿＿＿＿＿＿＿＿＿＿＿＿＿＿＿＿＿＿＿＿＿＿＿＿＿＿＿＿＿＿＿

＿＿＿＿＿＿＿＿＿＿＿＿＿＿＿＿＿＿＿＿＿＿＿＿＿＿＿＿＿＿＿＿

第二节 学 习 环 节

中山大学的远程学习流程包含十个学习环节：查看课程信息、缴纳课程学费、学习网络课程、参加辅导答疑、完成课程作业、参加学习活动、进行期末复习、参加课程考试、完成毕业论文（本科生）、参加全国统考（本科生）。

本节根据远程学习流程的实施顺序详细地介绍各学习环节的要求和注意事项。各学习环节是进行正式学习的必经之路，只有清晰地掌握这些基本学习环节的具体活动和要求，才能有效地开展学习，达到事半功倍的效果。

一、登录管理平台，查看开课信息

1. 了解管理平台

中山大学网络教育管理平台的网址为 http://cems.sysu.org.cn。在浏览器的地址栏输入网址后，就能看到管理平台的登录界面（如图 3.2 所示），在登录界面输入学院分配给学生的用户名和密码，并输入系统随机产生的验证码，即可进入网络教育管理平台。

学生登录管理平台（如图 3.3 所示）后，首先看到的就是自己的工作室——学生工作室，每个学生都有自己独立的工作室。学生在学生工作室中可以做很多事情，主要包括：查看教学教务通知；了解教学计划；查看开课信息，查询已学课程和在学课程；进行考试预约，查询考试安排及课程成绩；申请学籍变更；缴纳课程学费等。

图 3.2　中山大学网络教育管理平台登录界面

图 3.3　教学教务管理平台界面

一定要关注在管理平台上发布的每一条通知

2. 熟悉教学计划

教学计划是学校制定的专业教学整体计划，包括课程设置、学分及学时分配、课程考试方式等，是学生开始专业学习前必须了解的内容。

点击学生工作室页面左边的"教学计划"栏，就能看到本专业的教学计划。

（1）专业总体情况。点击"教学计划"栏后，在左边窗口中首先可以看到一列文字信息，说明了专业的总体要求（如图3.4所示）。要求具体说明如下：

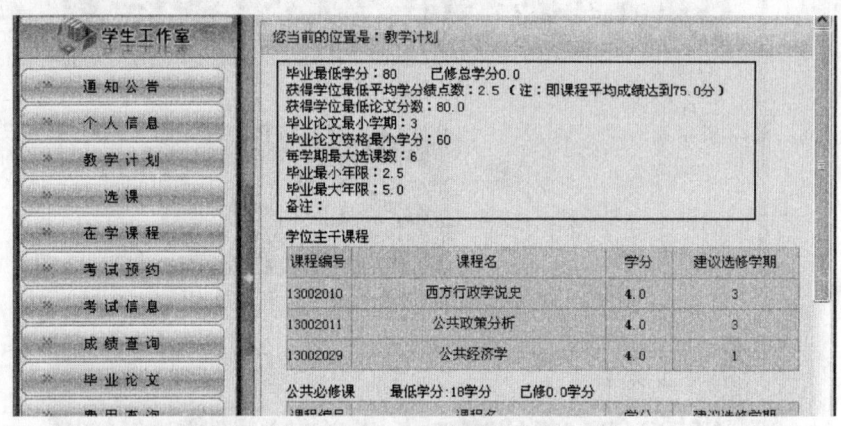

图3.4 教学计划总体要求及本科主干课程界面

① 毕业最低学分：80，已修总学分0.0。是指完成专业学习所需的最低学分数是80分，已修总学分是指学生已经修完的课程累积的学分数。

② 获得学位最低平均学分绩点数：2.5；针对本科学生，本科学生如果要获得学位，则其课程的平均学分绩点数必须大于2.5。这一要求与课程平均成绩75.0分的要求相同。

③ 获得学位最低论文分数80.0分。针对本科学生，本科学生如果要获得学位，论文成绩要在良好以上。

④ 毕业论文最小学期：3。针对本科学生，本科学生最早第3个学期才能选修毕业论文。

⑤ 毕业论文资格最小学分：60。针对本科学生，本科学生所修课程学分达到60以上，才能选修毕业论文。

⑥ 每学期最大选课数：6。针对所有学生，本科学生每学期最多只能修读6门课程。

⑦ 毕业最小年限：2.5。针对所有学生，学生最快也要2.5年才能毕业。

⑧ 毕业最大年限：5.0。针对所有学生，学生最迟毕业年限为5年，如果超过5年学习期限，就需要申请延期毕业。

专科学生仅需关注①、⑥、⑦、⑧项即可。

（2）公共必修课和专业必修课。教学计划中的课程分为公共必修课和专业必修课两个部分。公共必修课是同一教育层次（专科或本科）学生共同学习的课程，专业必修课则是学生所修读专业的必学课程。例如，大学语文是专科学生的公共必修课，则所有专科学生都必须修读这门课程。这里，再解释一下课程学分和选修学期。

① 课程学分：是用于计算学生学习量的一种计量单位，课程学分与课程学习时间成正比，课程学分数越高，则课程的教学内容越多，要求学生学习的时间越长。一般来说，课程的1个学分就要求学生每周要学习1节课的时间。例如，"远程学习方法与技术"课程是2学分的课程，则需要学生每周安排2节课的学习时间进行这门课程的学习。当然，具体的学习时间可根据学生自己的基础、学习效率和学习效果来安排。

课程学分越多，学习时间要求越长

② 选修学期：选修学期就是学生的修课学期。教学计划表中的"建议选修学期"是学校根据教学计划中课程知识的逻辑顺序所推荐的课程学习时间。"建议选修学期"体现了课程学习的逻辑顺序，前面学期（较小学期）的课程往往是为后面学期（较大学期）课程打基础，因此大家要按照"建议的选修学期"进行学习。

（3）学位主干课程。学位主干课程只有本科学生才有，是本科教学计划中的核心课程，学生只有通过学校专门组织的学位主干课程考试，才能有机会获得学位。一般来说，本科学位主干课程有三门，如行政管理专升本的学位主干课程分别为：西方行政学说史、公共政策分析和公共经济学（如图3.4所示）。

3．了解开课信息

学生了解每学期的开课信息，有利于安排自己的学习计划，对学习进度了然于心，这样才能更好地安排自己的学习，知道自己的缴费信息。

了解开课信息的方式如下：

（1）进入"在学课程"查看即将开设或正在学习的课程。网络教育学院每学期会提前为学生选定课程，学生在"在学课程"内可以看到标示"已选未开课"的课程，这些课程就是学生即将学习的课程。在该课

一定要认真查看开课信息，避免出现缴费或订购教材出错，造成不必要的麻烦

程后面，可以查看课程的开课学期和考场信息。

（2）查看课程信息确认缴费提示是否正确。对照教学计划，查看"已选未开课"课程的学分，根据课程学分计算应缴的学费，对比管理平台提示的课程缴费信息，确定费用是否正确。

（3）查看教材信息以便确认教材。课程信息后显示了教材信息，学生应记录下教材信息，以便购买教材。

（4）查询"已修课程"和"未修课程"。清楚了解已经和未修课程有利于安排自己的学习进度，掌控自己的学习时间。

4. 查看开课信息的操作

点击"在学课程"按钮，进入课程信息界面。可以查看课程学分、开课状态、课程类别、教材信息以及学期、考试场次、建议学期等信息。具体操作如下：

（1）查询本学期开课课程。点击"在学课程"按钮，在右边的课程信息表中，"开始学习"栏内状态为"选课未开课"的课程即为需要缴费的课程（如图3.5所示），在缴费后才能进入平台学习。当它转变为"开始学习"时，则说明这门课程可以开始学习或者正在学习。在该门课程学习完成且总评及格后，它就会在页面消失，变成已修课程。

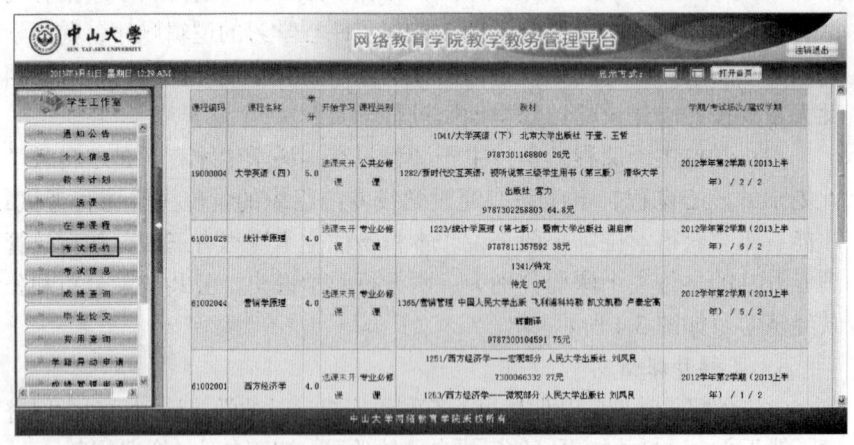

图3.5 "在学课程"栏内的课程信息

（2）查询"已修课程"和"未修课程"。"在学课程"栏目内的在学课程列表下，有"已修课程查询"和"未修课程查询"两个按钮，点击即可查看已修或未修课程（如图3.6所示）。

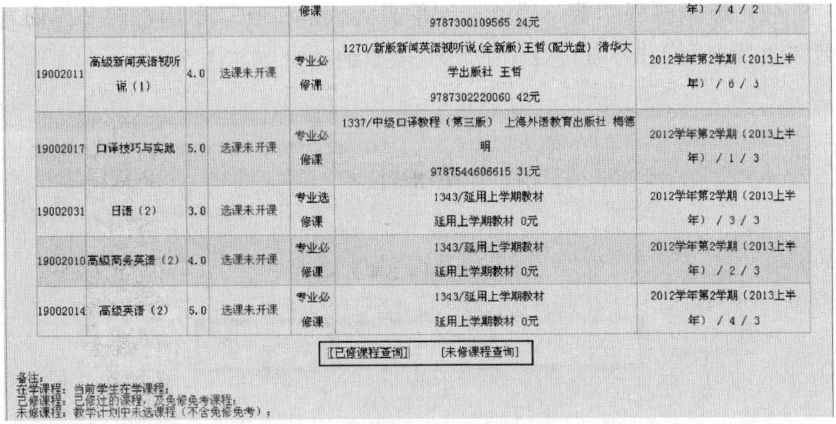

				修课	9787300109565 24元	年）/ 4 / 2
19002011	高级新闻英语视听说（1）	4.0	选课未开课	专业必修课	1270/新版新闻英语视听说（全新版）王哲（配光盘）清华大学出版社 王哲 9787302220060 42元	2012学年第2学期（2013上半年）/ 6 / 3
19002017	口译技巧与实践	5.0	选课未开课	专业必修课	1337/中级口译教程（第三版） 上海外语教育出版社 梅德明 9787544606615 31元	2012学年第2学期（2013上半年）/ 1 / 3
19002031	日语（2）	3.0	选课未开课	专业选修课	1343/延用上学期教材 延用上学期教材 0元	2012学年第2学期（2013上半年）/ 3 / 3
19002010	高级商务英语（2）	4.0	选课未开课	专业必修课	1343/延用上学期教材 延用上学期教材 0元	2012学年第2学期（2013上半年）/ 2 / 3
19002014	高级英语（2）	5.0	选课未开课	专业必修课	1343/延用上学期教材 延用上学期教材 0元	2012学年第2学期（2013上半年）/ 4 / 3

[已修课程查询]　[未修课程查询]

备注：
在学课程：当前学生在学课程；
已修课程：已修过的课程，及免修免考课程；
未修课程：教学计划中未选课程（不含免修免考）；

图 3.6　已修、未修课程查询界面

二、缴纳课程学费，获取学习资格

学生查看开课信息后，需要根据所选课程的学分缴纳学费，然后才能进入课程学习。课程缴费也是在管理平台上进行，具体操作如下：

(1) 查询课程学费。选定课程后点击“提交”，可进入“费用查询”界面查看费用，并按照平台上计算出来的学费数缴纳学费（如图 3.7 所示）。

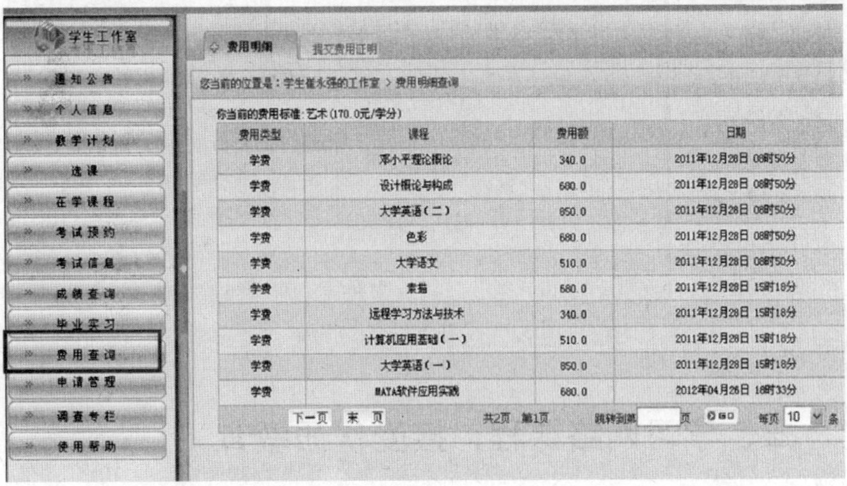

费用类型	课程	费用额	日期
学费	邓小平理论概论	340.0	2011年12月28日 08时50分
学费	设计概论与构成	680.0	2011年12月28日 08时50分
学费	大学英语（二）	850.0	2011年12月28日 08时50分
学费	色彩	680.0	2011年12月28日 08时50分
学费	大学语文	510.0	2011年12月28日 08时50分
学费	素描	680.0	2011年12月28日 15时18分
学费	远程学习方法与技术	340.0	2011年12月28日 15时18分
学费	计算机应用基础（一）	510.0	2011年12月28日 15时18分
学费	大学英语（一）	850.0	2011年12月28日 15时18分
学费	MAYA软件应用实践	680.0	2012年04月26日 18时33分

图 3.7　“费用查询”界面

(2)缴纳课程学费。确认选课信息无误后,在"费用查询"界面看到"缴费提醒",可直接点击缴费链接缴纳学费(如图3.8所示)。

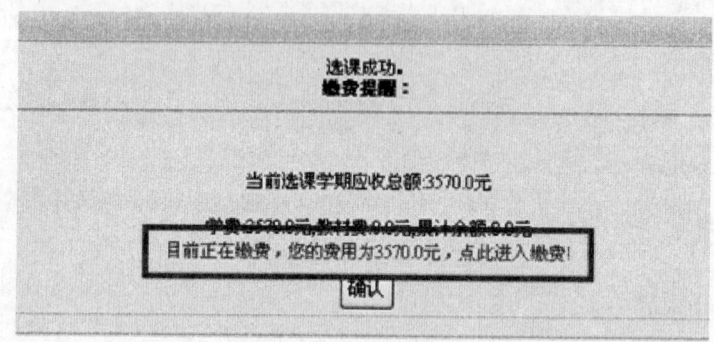

图3.8 "缴费提醒"界面

(3)进入课程学习。缴费并通过审核后,点击"在学课程"栏,在"在学课程"界面点击所要学习课程的"开始学习"按钮,即可进入相应课程进行学习(如图3.9所示)。

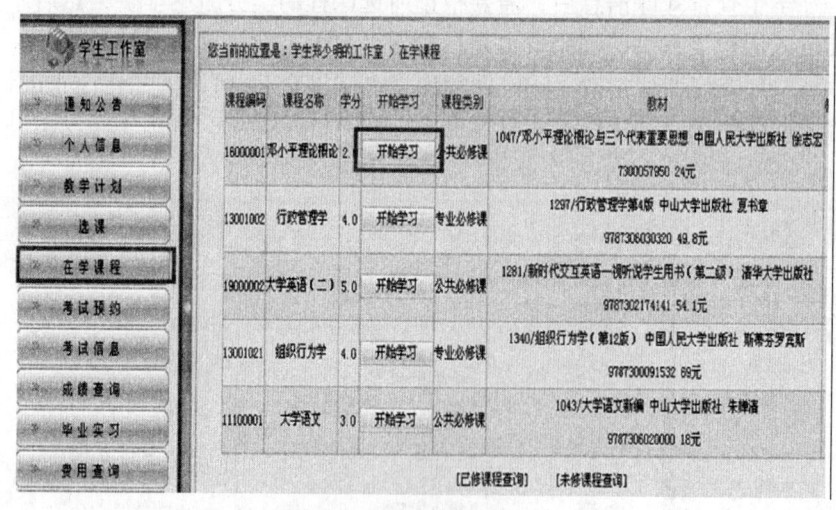

图3.9 "在学课程"界面

三、学习网络课程,接受优质教育

网络课程内容丰富,基本涵盖教学过程的全部内容,包括网络课件、章节练习、电子教案、课程作业、学习活动以及课程论坛等。其中，网络课件是教师的授课内容，是支持学生学习的重要资源。不同课程的网络课件有所差异，有些课程的网络课件涵盖了课程的全部知识点，有些课程的网络课件则主要是对课程重点和难点的讲解，学校的绝大部分网络课件属于前者，方便学生进行系统学习。中山大学网络教育的教学由专业院系负责，专业院系为网络教育配备了良好的师资。负责网络教学的主讲教师绝大部分具有教授、副教授等高级职称，还有一些教师是博士研究生导师。

网络课程界面根据课程的特点在版面设计上各有特色，但栏目的划分和功能基本一致，图3.10为"中国古代戏曲"网络课程界面。

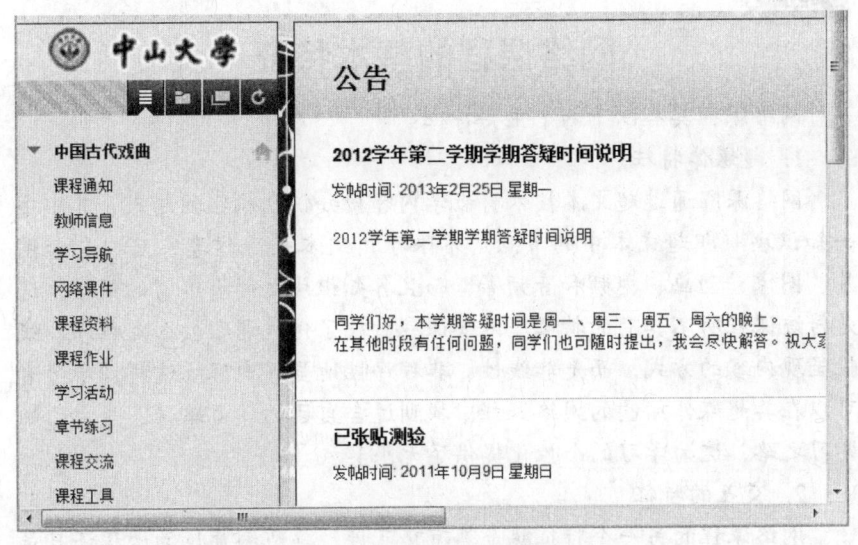

图3.10 "中国古代戏曲"网络课程界面

网络课程各栏目的基本功能如下：
（1）"课程通知"栏：教师发布的有关教学通知。
（2）"教师信息"栏：主讲教师及教师团队的情况介绍。
（3）"学习导航"栏：包含引导学生进行课程学习的资料，如教学大纲、课程学习方法等。
（4）"网络课件"栏：是预先录制的教师授课内容，也是学生学习的重点。
（5）"课程资料"栏：用来存放课程教学相关辅助资料的栏目，如

主题讨论

进入本课程，讨论该课程栏目设置是否合理

电子教案、教学案例等。

(6)"课程作业"栏：教师用来发布作业，学生完成作业的地方。

(7)"学习活动"栏：教师布置学习活动，学生完成学习活动的地方。

(8)"课程交流"栏：教师与同学交流的地方，学生可以在交流区向教师提问。

(9)"课程工具"栏：与课程学习相关的各类工具。

 扩展阅读

网络课程的基本特征

网络课程具有以下两个主要特征：

1. 超媒体特征

网络课程通过超文本技术将教学内容按知识结构组织起来，其中每一知识块（即超文本中的节点）不限于用文本呈现信息，可以包含图片、图像、动画、视频和音频等，而且各知识块之间有丰富的链接，这是传统课程所不具有的特征。网络课程打破了传统课程按固定程序、线性呈现内容的方式，而是非线性、非程序性地呈现内容。这样，学习者可以在其超媒体结构的网络课程中找到适合自己的学习路径，走自己的学习之路，这为学习的个性化提供了无限契机。

2. 交互的特征

网络课程的另一个特征就是具有交互性。单纯浏览性的课程还只是网络课程的初级形式，现在的网络课程基本上都具有交互性。网络课程中的交互不仅包括人和计算机的交互，还包括人通过计算机网络和他人之间的交互，国外有些学者称后者为"人际交互"。"人际交互"从交互的对象类型上看，可分为师生之间通过网络实现的交互、教师之间通过网络进行的交互，学习者之间通过网络开展的交互；从交互的对象个数来看，可以分为个人和个人通过网络的交互、个人和群体通过网络的交互、群体之间通过网络的交互；从交互的时间延迟性来看，可分为异步交互、同步交互；从交互的技术形式来看，可分为电子邮件、博客、实时聊天和微信等。网络课程的"人际交互"使它比传统的多媒体课件

的交互性更强。

四、完成课程作业，检测学习效果

课程作业作为形成性考核的一个重要环节，是对学生学习过程的一种检查。学习者通过做作业可以知道知识的掌握情况、需要突破的难点，从而在后续的学习中能够查漏补缺，在辅导教师帮助下，提高学习效果，最终取得好成绩。

作业在课程的"课程作业"栏。中山大学网络教育学院在作业管理方面有如下要求：

（1）作业次数。教师每个学期至少布置两次作业，作业成绩占课程总评成绩的 20%，也就是说，如果两次作业成绩都是满分的话，那么，学生已经有了 20 分的课程总评成绩。

课程作业成绩占课程总评成绩的20%

（2）作业内容。第一次作业一般会安排在学期中进行，作业内容一般覆盖课程前半部分的内容；第二次作业一般会在学期末进行，作业内容覆盖课程后半部分或课程的全部内容，因此，同学们在做作业之前，一定要先学完相应的课程内容。

（3）作业形式。作业通常是在线作业，学生直接在学习平台上完成（如图 3.11 所示）。

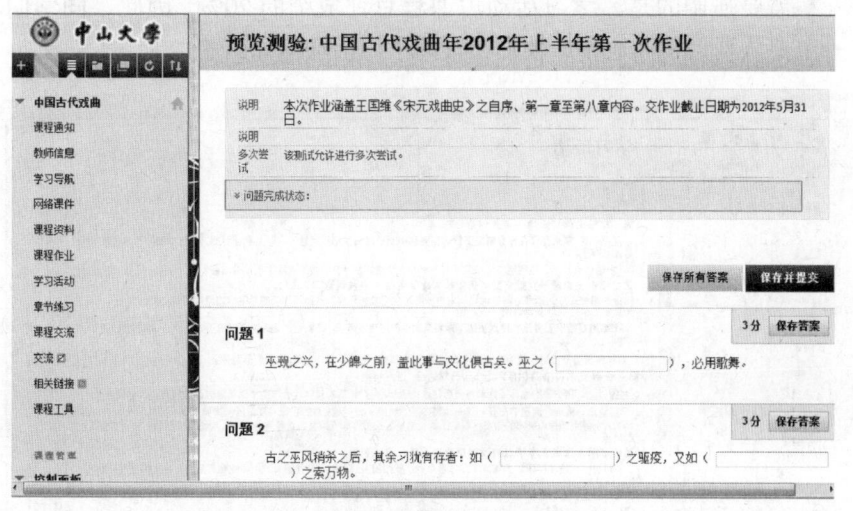

图 3.11　课程作业界面

主题讨论
你认为网上作业与以往的纸质作业有什么区别？

目前，每次作业允许学生最多做3次。客观题的课程作业在提交后即可看到成绩；含填空题和主观题的课程作业需要等待教师批改后才能看到成绩。作业答案要在作业提交截止日期后才能看到。

特别提示

作业要独立完成。教师批改作业时，如果发现作业答案雷同，就会将雷同的作业以零分处理。这将直接影响学生的课程总评成绩。

五、参加学习活动，开展协作学习

主题讨论

你认为课程学习活动还可以有哪些形式？

为加深学生对课程知识的掌握，学生除完成课程作业外，还需要参加教师布置的学习活动。一般来说，每门课程的辅导教师会布置两次学习活动。教师布置的学习活动形式多样，常见的形式有主题讨论、案例分析、课后阅读、资料收集以及社会调查等。

网络教育倡导协作学习，希望通过学生共同合作完成学习活动，加深对课程知识的理解，同时也能培养学生的团队合作精神和沟通协调能力。

需要强调的是，学习活动占课程总评成绩的20%，因此，同学们一定要认真、积极地参加教师布置的学习活动（如图3.12所示）。

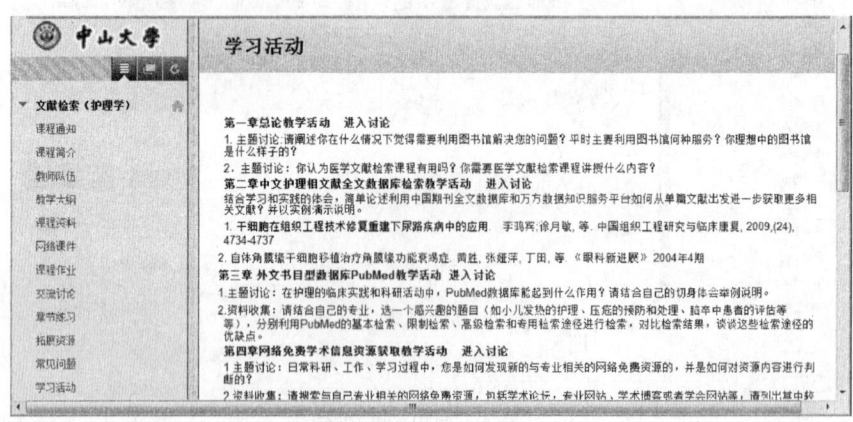

图3.12 学习活动界面

六、参加辅导答疑，获取学习支持

学生在学习过程中一定会遇到各种各样的问题，有课程学习的问题，也有课程以外的问题，可能还有日常工作中的问题。为了促进教师、同学、管理人员之间的交流，网络教育学院通常在学习平台上开设一些交流区。中山大学网络教育学院在学习平台上开设了五个交流区，即课程论坛、教学问题交流区、教务问题交流区、技术问题交流区和学习中心交流区。学生们可以在各个交流区进行相关问题的交流，以获得学习支持。

学生在参加辅导答疑前，首先要对问题进行分类。表3.1为学习平台各交流区的功能说明，大家一定要认真阅读，分清各交流区的功能。学生如果在课程论坛中咨询教学管理方面的问题，辅导教师可能无法回复；同样，如果学生在教学问题交流区咨询与课程内容有关的问题，教学管理人员也将无从回复。

表3.1 学习平台交流区功能说明

交流区名称	交流区功能
课程交流区	交流课程内容有关的问题，教师每周至少有四个时间段在学习平台上解答问题
教学问题交流	交流非学术的教学管理问题，如各类教学工作的时间安排、教学辅导的问题反馈等，教学管理人员每天上网回答问题
教务问题交流	交流关于平台账号、考试、成绩、学籍（含转中心、转专业等）、毕业等方面的问题，教务管理人员每天上网回答问题
技术问题交流	交流关于学习平台使用技术方面的问题
学习中心交流区	学习中心同学之间，学习中心管理人员与同学之间的交流区，也是学习中心发布各种信息的地方

一定要分清各个交流区的功能，这样才能有的放矢地提问！

学习平台上课程交流区的界面如图 3.13 所示。

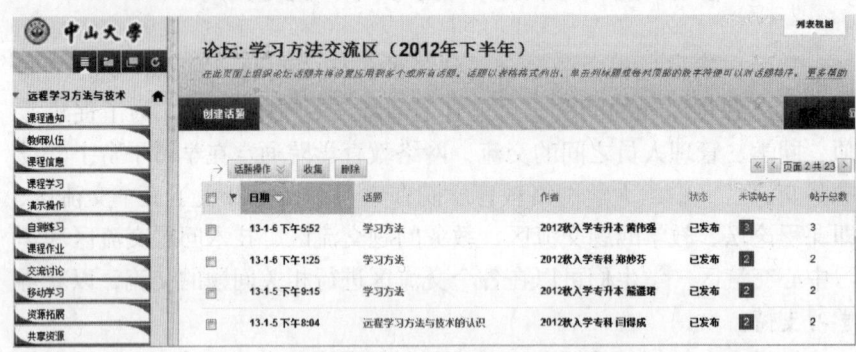

图 3.13　课程交流区界面

学生除从学习平台获得帮助外，还可以从学习中心获得面对面的帮助。学习中心的一项基本职能就是帮助同学们学习，因此，学生可以向学习中心的管理人员提出任何学习方面的问题，他们会通过各种途径帮助大家解决问题。

 **特别提示**

心中有数：如何求助

一般而言，求助的策略遵循最小代价率，即花费最小的代价，得到最圆满的解答。如果费尽了周折才解决问题，说明求助的策略还有待改进。如有一定要寻求支持的问题，可遵循如下步骤：

(1) 分清楚问题的种类。是管理方面、学业方面还是技术方面的问题，只有分清楚了问题的类型，才可以找到适当的求助对象。

(2) 寻找合适的求助对象与求助媒体。

(3) 简明扼要地表述问题。

典型案例

中山大学网络教育学生获取学习支持的途径

中山大学网络教育学生可以通过各种途径获取学习支持，主要途径如图 3.14 所示。

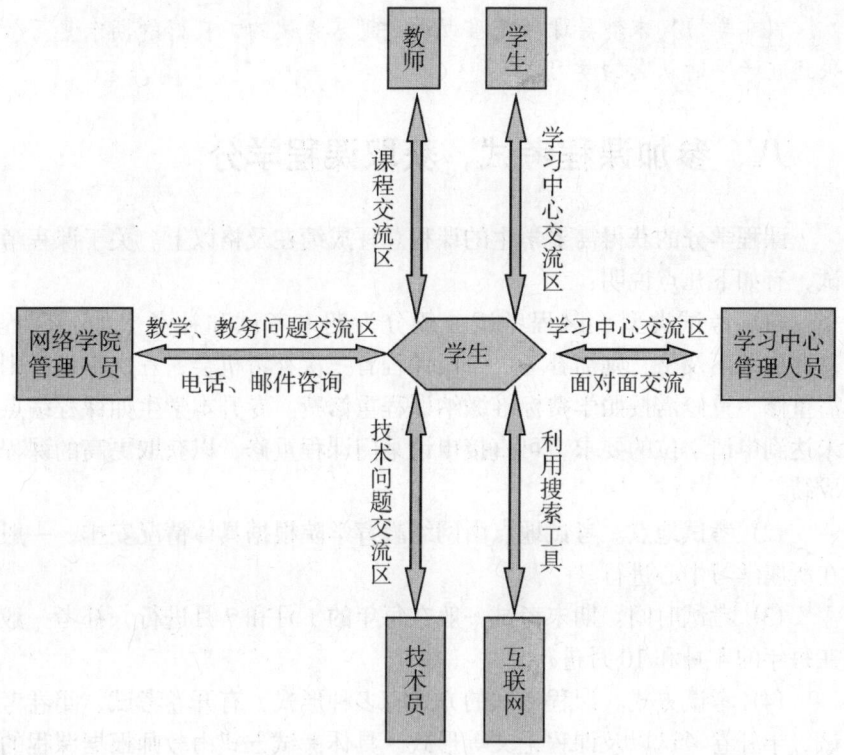

图 3.14　学生获取学习支持的途径

七、进行期末复习，系统掌握知识

期末复习效果的好坏，直接影响到学生能否通过课程考试及获得学分。为帮助学习者进行期末复习，有些课程的辅导教师录制了辅导课件，教师在辅导课件中对整门课程的知识进行了梳理，对期末复习方法进行指导，建议同学们在辅导课件的指导下进行期末复习；有的课程虽然没有专门的辅导课件，但主讲教师会在网络课件的最后几节对整门课程的内容进行总结和梳理，学生在期末复习时，就需要在这几节网络课件的引导下复习。

 **特别提示**

仅靠学习期末辅导课件是难以通过期末考试的，良好的期末复习效果还在于平时认真的学习。

八、参加课程考试，获取课程学分

课程学分的获得需要学生的课程总评成绩在及格以上。关于课程考试，有如下几点说明：

（1）考试类型。课程考试一般分为期末考试和补考。如果课程总评成绩不及格，则需补考，每门课程有三次补考机会，三次不过，则需重修，重修需按照学费标准缴纳课程重修费。专升本学生如课程绩点未达到申请学位的要求，可直接申请某门课程重修，以获取更高的课程成绩。

（2）考试地点。考试地点由网络教育学院根据具体情况安排，一般在所属学习中心进行。

（3）考试时间。期末考试一般在每年的1月和7月进行，补考一般在每年的4月和10月进行。

（4）考试方式。课程考试的方式有多种形式，有开卷考试、闭卷考试、半开卷考试以及课程论文等形式。具体考试方式由教师根据课程的特点决定。

（5）考试预约。课程考试安排采取考试预约的方式。每次考试前，网络教育学院会在管理平台上发布考试预约通知，学生需在规定的时间内选择考试科目，进行考试预约。

（6）成绩构成。期末考试的成绩占期末总评成绩的50%，作业成绩占课程总评成绩的20%，学习活动成绩占课程总评成绩的20%，平时成绩占课程总评成绩的 10%。其中，平时成绩由学习中心教师根据学生的平时表现给分。

学生一定要严守考试纪律，如果考试作弊，将不能参加正常的补考，本科学生也将不能申请学士学位。

九、完成毕业论文（本科生）

对本科学生，不同专业对毕业论文有不同的要求，有些专业要求学生完成毕业论文，而有些专业则要求学生参加社会实践或参加毕业水平考试等。

毕业论文在管理平台上进行，毕业论文的基本流程及要求如下：

1. 学习毕业论文辅导课件

学生需要先在学习平台上的毕业论文课程中学习毕业论文辅导课件，了解毕业论文的写作规范和要求，熟悉本专业毕业论文的选题、研究方法和撰写方法。毕业论文辅导课件需在学习平台上学习。

2. 进行毕业论文选题

毕业论文选题在管理平台上进行，要求学生在规定时间内选题。在选题时间范围内，若对选题不满意可重新选题，但若超过选题时间，则不可重新选题。

选题的基本操作是：学生进入管理平台后，选择左侧栏目中的"毕业论文"，这时，右边会出现选题列表，学生可自由选择列表中的任一题目，但每位指导教师对应的选题人数有限，如果点击后出现"此选题已被选完"的提示，则学生要选择另外的选题。学生也可点击列表上方的小三角，通过搜索导师姓名或题目来选择适合的题目。若选择到合适的题目，则在题目前方的小方框内进行勾选，然后点击"选为我的论文题目"按钮（如图 3.15 所示）。

图 3.15 毕业论文选题界面

3. 撰写毕业论文

学生毕业论文的撰写以及与教师的交流都在管理平台上进行。选题时间截止后，学生即可开始撰写毕业论文。

毕业论文撰写过程分为三个阶段，即提纲、二稿和终稿。每个阶段都有截止时间，学生一定要在规定时间内提交论文提纲、二稿和终稿。

学生在论文撰写阶段可以随时在管理平台上给指导教师留言，并以附件形式提交所撰写的论文。具体操作很简单，点击毕业论文操作界面中的"编辑"按钮即可（如图 3.16 所示）。

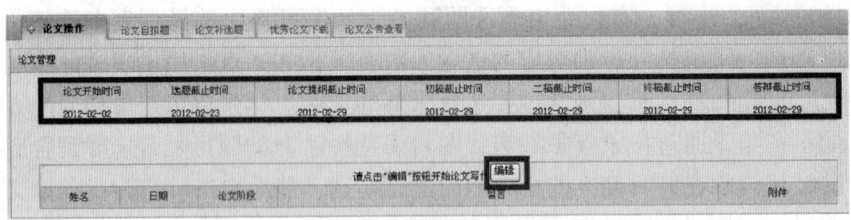

图 3.16 毕业论文操作界面

点击"编辑"按钮后，进入毕业论文附件上传和留言界面（如图 3.17 所示）。在该界面中，学生可在留言旁的空白处给教师留言，也可以将自己的论文以附件上传。上传附件时，首先需要选择附件类型，然后再点击"浏览"选择本地电脑中要上传的文档。

每个阶段可多次上传文档，但必须在截止时间内进行。

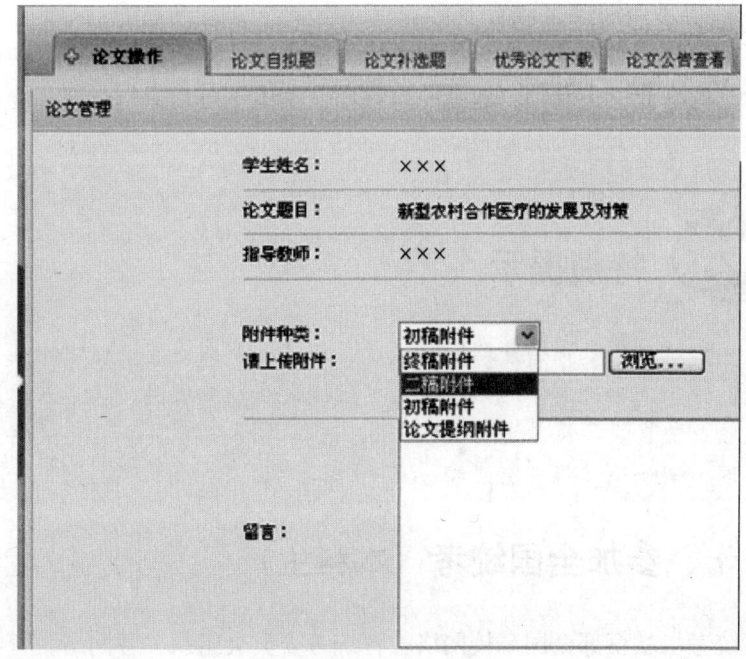

图 3.17 毕业论文附件上传和留言界面

学生在论文操作界面可以看到教师的回复（如图 3.18 所示）。

图 3.18 论文留言查看界面

4. 提交毕业论文终稿

学生获得指导教师同意后，即可在管理平台提交毕业论文终稿。毕业论文终稿必须在截止日期前提交。指导教师将对学生的终稿进行评分。若没有提交终稿，学生论文成绩为不及格。提交终稿时，注意要选择"终稿附件"类型后再上传。

学生在管理平台提交毕业论文终稿的同时，还需要将毕业论文终稿打印出来，用网络教育学院统一印制的封面装订好后交给学习中心，由学习中心统一交给网络教育学院存档。

学生在管理平台上提交毕业论文终稿的同时，还要将终稿打印出来交给学习中心

5. 查看毕业论文成绩

指导教师对毕业论文终稿评分后,学生在"毕业论文"栏目中可查看自己的毕业论文成绩。成绩一旦评出,学生不可再进行留言和终稿的上传。

 **特别提示**

学生在接受教师指导的同时,可与同学就毕业论文进行讨论并交换观点,但是,每个同学的毕业论文都应该有自己的观点,并合法引用有关文献及数据,不得抄袭他人的文章。抄袭他人文章的毕业论文将按作弊处理,毕业论文将没有成绩。

十、参加全国统考(本科生)

统考由教育部全国高校网络教育统考委员会组织,各网络教育学院协助。对于专升本同学来说,通过教育部组织的部分公共基础课统考非常重要,因为这直接关系到毕业证书能否获得电子注册资格。现简单介绍统考的情况。

1. 统考基本情况

(1)考试科目。考试科目有三科,由于中山大学网络教育学院在入学考试时已经组织了其中的高等数学和大学语文考试,因此,学生目前只需要参加两门课程的统考。非英语专业的考试科目为:大学英语B、计算机应用基础;英语专业的考试科目为大学英语A、计算机应用基础。

达到免考条件的学生可以申请统考课程的免考,免考条件请见《教育部关于现代远程教育试点高校网络教育部分公共基础课全国统一考试试点工作的实施意见》(教高〔2004〕5号)。

(2)考试次数和时间。根据教育部的安排,每年组织2~4次统考,具体时间以教育部的通知为准。

2. 统考辅导

为了帮助同学们顺利通过统考课程,中山大学网络教育学院组织教师在学习平台上开发了"大学英语A统考辅导"(英语专业适用)、"大学英语B统考辅导"(非英语专业适用)以及"计算机应用基础统考辅导"课程，每门课程都提供了丰富的复习资料。

　　学校还引进了统考练习系统，在统考练习系统中，学生不仅能够模拟考试做题，检测自己的统考复习效果，还可以体验统考考试环境，提前熟悉统考的机考环境。统考练习系统的网址是：http://202.116.65.190/wy/（如图 3.19 所示）。学生也可以通过学院主页网络教育专栏的链接进入。

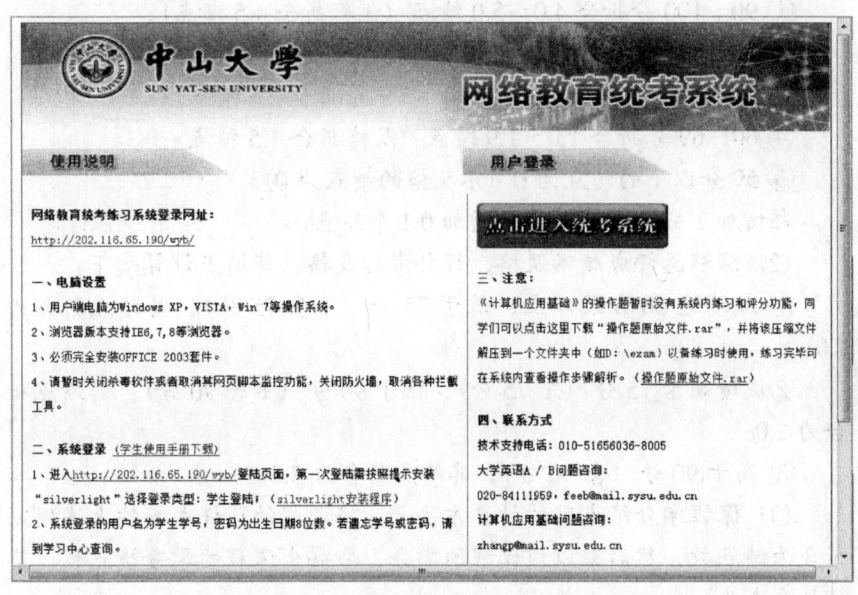

图 3.19　网络教育统考练习系统界面

　　对于统考，同学们既要认真准备，又要满怀信心。同时，要严格遵守考试纪律，严禁任何作弊行为。学生一旦有作弊行为，将停考 2 次。特别是，如果出现代考现象，将取消参加统考的资格，这就意味着该生无法毕业。

 **信息岛**

　　统考的有关政策、统考报名、统考缴费以及统考成绩的查询都在中国现代远程与继续教育网，网址为：http://www.cdce.cn。学生可以登录该网址了解更详细的情况。

课程绩点的计算方法

中山大学网络教育实行学分制基础上的绩点制。为便于评定学生的学习质量，以百分制计分方法为基础，按相应的课程成绩换算成绩点。

（1）百分制与绩点的对应关系如下：
① 90~100 分折合 4.0~5.0 绩点（优秀折合 4.5 绩点）；
② 80~89 分折合 3.0~3.9 绩点（良好折合 3.5 绩点）；
③ 70~79 分折合 2.0~2.9 绩点（中等折合 2.5 绩点）；
④ 60~69 分折合 1.0~1.9 绩点（及格折合 1.5 绩点）；
⑤ 59 分以下的绩点为 0（不及格的绩点为 0）。
每增加 1 分，课程成绩就增加 0.1 个绩点。

（2）课程总评成绩不及格，经补考后及格，其绩点计算如下：
① 成绩达 60 分或以上，低于 75 分（不含 75 分），其绩点折合为 1.0；
② 成绩高于 75 分（含 75 分），低于 90 分（不含 90 分），其绩点折合为 2.0；
③ 高于 90 分（含 90 分），其绩点折合为 3.0。

（3）课程学分绩点数的计算方法是：将课程的总评成绩按上述规定折合为绩点数，然后乘以该课程的学分，即得出课程的学分绩点数，其计算公式为：

课程学分绩点数=课程的绩点数×课程的学分

（4）修业期满的平均学分绩点数等于在学期间所修读的各门课程的学分绩点数之和除以所修课程学分之和。

（5）经批准免修的课程，成绩按"免修"记载，课程的绩点数按原成绩计算。

（6）申请学士学位者，修业期满的平均学分绩点数须达到 2.5 及以上（平均 75 分及以上）。

本节小结

本节对远程学习的流程和十个环节进行了详细介绍，是学生开展远程学习的必经过程。学生只有充分了解每个环节的要求和必备的操作过程，才能合理地安排自己的学习计划，顺利地开展远程学习。

* 学习笔记 *

_____
_____
_____

方法篇

包括学习平台使用方法、远程学习方法和远程学习技能。

二、学习目标

通过这一章的学习,拟达到的学习目标有:
◇ 了解远程学习平台的基本功能
◇ 了解 Blackboard 学习平台的运行环境
◇ 掌握 Blackboard 学习平台的基本操作方法

第一节 学习平台简介

随着远程教育的发展，利用功能完备的在线学习平台对远程学习进行系统化的支持已成为当前的发展潮流。世界上许多著名的远程大学都采用在线学习平台来支持学习者进行远程学习。

一、学习平台的含义

学习平台又被称作在线学习平台或远程学习平台，这是一种由多媒体学习资源、网上学习社区及网络技术平台构成的网络学习环境，这里汇集了教学文件、档案资料、多媒体教学软件、网络课件、视音频资料、讨论组、新闻组等学习资源，形成了一个高度综合集成的资源管理和学习支持服务平台。通过学习平台，学习者可以获取丰富的学习资源，进行自主学习。

现在远程教育机构和一些教育软件开发公司根据自己对学习平台的认识和需求开发了学习平台，如 BLACKBOARD、Moodk、Sakai 等。不同的远程教育机构会选用适合其教学组织和学生学习的学习平台，如中国广播电视大学系统就使用"电大在线"这个由电大系统自主开发的学习平台。

中山大学网络教育学院采用的学习平台 Blackboard 是由美国 Blackboard 公司开发的在线教学平台，是目前唯一支持百万级用户的教学平台。全球有超过 2800 所大学及其他教育机构在使用 Blackboard 产品，其中包括著名的普林斯顿大学、哈佛大学、斯坦福大学和杜克大学等。Blackboard 以课程为中心集成网络"教"与"学"的管理与支持服务。

二、学习平台运行环境

为了使用学习平台，学生要先建立一个基本的网络学习环境。首先，要拥有一台配置较好的电脑。其次，学生要选择宽带上网，如 ADSL，入网的时候，最好能够选择中国电信之类的信誉度较高、服务较好的公

图 4.2　网络课程界面

2. 通过学习平台的网址登录

在 IE 地址栏输入学习平台的网址，在登录界面输入用户名和密码（如图 4.3 所示）也可进入学习平台。中山大学学习平台的网址为：http://elearning.ne.sysu.org.cn。

图 4.3　学习平台登录界面

3. 学习平台首页介绍

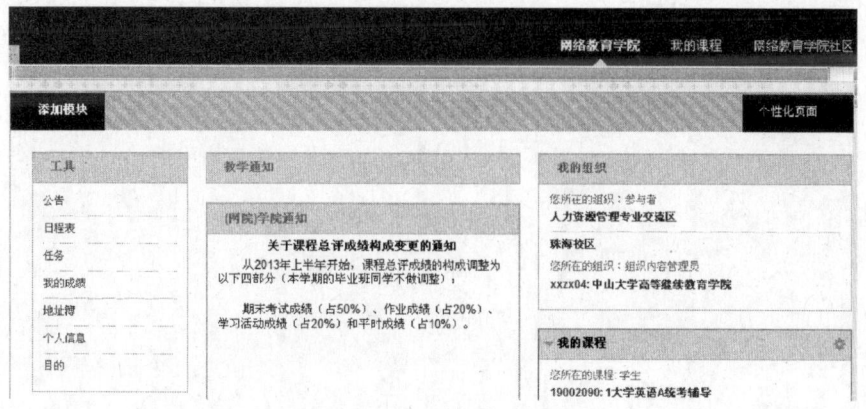

图 4.4 中山大学学习平台首页

学习平台的首页主要有五个功能模块（如图 4.4 所示）：
(1) "工具"栏，可以进行日程安排、查看课程成绩、修改登录密码。
(2) "学院通知"栏，可以获取学院的重要通知和安排。
(3) "教学通知"栏，可以获取课程的教学安排信息，如作业等。
(4) "我的课程"栏，可以进入课程的学习，这是网络课程的入口。
(5) "我的组织"栏，可以从"教学管理"组织了解基本的教学信息，也可以参与所属学习中心学生之间的交流。

教师可以在平台上开设网络课程，学习者可以自主进行课程内容学习。在学习过程中，学习者之间以及教师和学习者之间可以根据教与学的需要进行交流和讨论。Blackboard 为教师和学生提供了强大的施教和学习的网上虚拟环境，成为师生沟通的桥梁。

扩展阅读

BB 学习平台登录中可能出现问题的解决方法

无法进入 BB 学习平台时：
(1) 如果能够看到学习平台登录界面，但不能登录学习平台的，则可能是账号或密码不对，系统则会提示"无法登录，没有提供有效验证

学习平台首页的通知显示，默认设定是只显示今天的通知，过往的通知将不会显示。因此，学生可以根据自己的需要在学习平台上更改通知的默认设置。具体操作如下：

（1）在学习平台首页"教学通知"栏，单击右边的小齿轮图标（如图4.8所示）。

图4.8 更改教学通知设置

（2）在"编辑我的通知视图"界面，点击"显示通知"选项栏，设置要查看的通知的时间范围，如想看到全部通知，则选择"全部"。然后，点击"提交"按钮，就能够看到对应的通知了（如图4.9所示）。

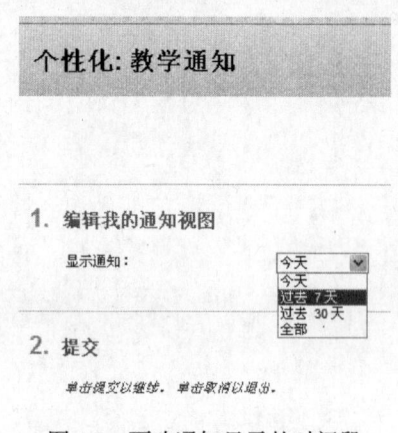

图4.9 更改通知显示的时间段

本节小结

本节介绍了登录学习平台、修改个人信息以及修改教学通知默认设置的方法，掌握这些方法是使用学习平台的第一步，是使用学习平台的最基本操作。

方法 篇

* 学习笔记 *

_____

_____

_____

第三节　学习平台上的课程学习

在远程学习过程中，学生可以在学习平台上学习网络课件，也可以在学习平台上完成课程作业、参加学习活动。

一、学习网络课件

使用网络课件进行学习有四个步骤：

（1）登录学习平台后，在学习平台界面右边"我的课程"栏中，单击需要学习的课程的名称则可进入相应的课程，如图 4.10 所示，学生点击"3dmax 动画制作"课程即可进入该课程。学生也可以直接通过管理平台点击该课程后面的"开始学习"进入课程。

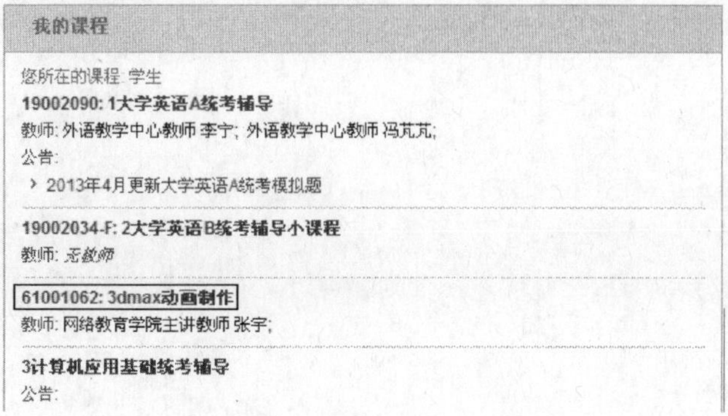

图 4.10　"我的课程"界面

图 4.15　网络课件界面二

 扩展阅读

无法正常浏览课件的原因

无法正常浏览课件可能有以下三种原因：

(1) IE 浏览器版本低于 8.0。请下载并安装 Internet Explorer 8.0 或以上版本。

(2) 没有安装语音插件或版本过低。请下载并安装 Windows Media Player 9.0 或以上版本。

(3) 没有安装 Flash 播放插件或版本过低。请下载并安装 Flash 10.0 或以上版本的 Flash 播放插件。

无法正常播放课件 PPT 的，请尝试把学习平台（http://elearning.ne.sysu.org.cn）添加到受信任站点中，然后把受信任站点的安全级别设置为低；在 Internet 选项的"高级"中请勾选"允许或者运行软件，即使签名无效"选项。

方 法 篇

信息岛

网络课程使用中常见的问题

1. 出现断断续续、一直缓冲或画面定格等现象

网络课件一般需占用 100 kB 左右的带宽。在上网高峰期，如果网络堵塞或带宽不足 100 kB，课件播放就会出现以上现象，建议学生尽量避开上网的高峰时段。如果课件播放经常出现这种现象，需要与网络运营商联系。

2. 有的网络课程声音较小

产生的原因有两种：一是个人电脑的音量设置未调整好，学生可以将电脑的音量调大；二是课件本身的音量较小，请及时在技术问题交流区反映。

3. 不能拖动课件中的进度条，只能从头到尾播放

网络课件只有100%被下载到电脑中，学生才能自由拖动网络课件播放的进度条。根据网络速度，有时可能需要等几分钟或十几分钟才能拖动进度条。如果课件已经100%下载，但还是不能拖动进度条，则可能是 Media Player 版本太低，需要升级到 9.0 或以上版本方可。

4. 网页中的文字太小

有的学生反映学习平台网页上的字体太小，看不清楚。这主要是电脑的设置问题，学生可以在浏览器的标题栏中选择"查看"→"文字大小"来选择合适的文字（如图 4.16 所示）。

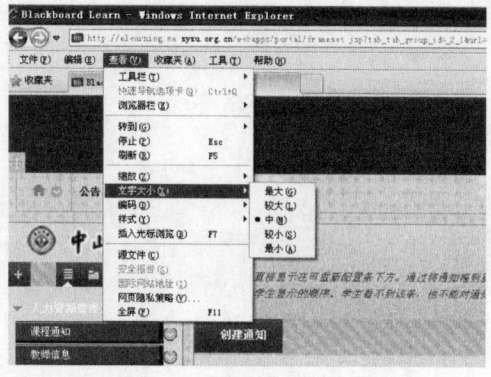

图 4.16　调整网页文字的大小

(4) 学生进入作业页则可以开始做作业，图 4.19 和图 4.20 分别为作业页面的开头和结尾界面。

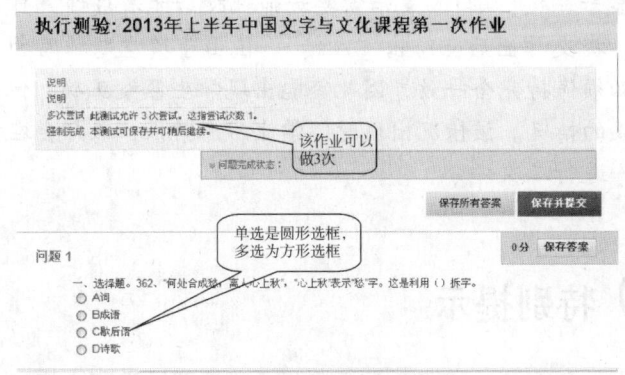

图 4.19　作业的开始部分

图 4.20　作业的结尾部分

作业界面的说明：

(1) 要注意作业的说明。在作业说明栏中会包含作业的要求和作业提交的次数等重要信息。如"2013 年上半年中国文字与文化课程第一次作业"的说明中，说明了作业可以进行 3 次尝试，也就是说，该作业最多可以做 3 次，即学生如果不满意自己的作业成绩，可以重新再做。

(2) 单项选择题和多项选择题是有区别的，单项选择题的答案选择框是圆形的，多项选择题的答案选择框是方形的。

(3) 问答题、简答题在答题方框中作答（如图 4.20 所示）。

(4) 作业完成后，单击"保存并提交"按钮，即可提交已经完成的作业。

(5) 提交作业后，要检查作业提交是否成功。学生可以按照"查看课程成绩"一节中的操作步骤检查是否已经成功提交作业。对在线作业，如果作业提交成功，课程的成绩栏会显示分数或"!"。如果作业全部是客观题（如选择题），则会显示分数，如果作业中有问答题，则会在成绩栏显示"!"，"!"表示需要教师批改后才有成绩。作业内如果有填空题，提交作业后会给出"成绩"。但由于填空题填写的答案与后台的答案必须保持完全一致，因此可能出现学生答案正确，但系统自动判断为错误的情况。该情况出现时，学生不用紧张，教师会在提交时间截止后统一进行二次评分。

 **特别提示**

> 学生在做作业前一定要先学习完作业所涉及的课程内容。
> 由于绝大部分课程的作业是在线作业，需要通过网络提交，因此建议学生尽可能在作业提交截止日期前两周提交作业，以避开作业提交的高峰，避免出现作业提交失败。

三、完成文件回应型作业

有些课程由于作业中含有特殊字符，不能直接以在线作业的方式进行，教师只能将作业文档作为附件上传。学生需要按要求完成作业并将完成的作业作附件上传。我们将这种类型的作业叫做文件回应型作业。

文件回应型作业的操作步骤如下：

（1）单击作业文档，如"0701-2.doc"（如图 4.21 所示），在弹出的窗口（如图 4.22 所示）中，单击"保存"按钮。

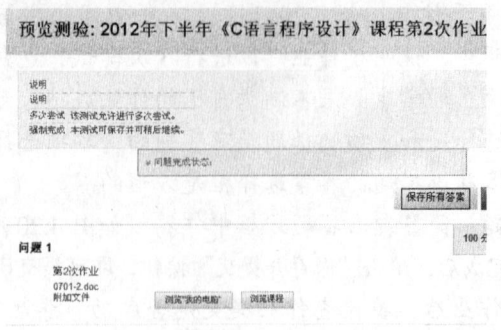

图 4.21　回应型作业的界面

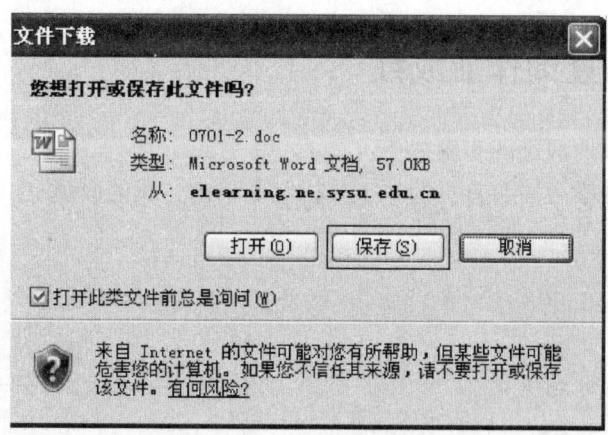

图 4.22　作业保存提示框

(2) 然后，在弹出的"另存为"对话框的左上方"保存在"栏选择需要保存文件的目标文件夹，在"文件名"栏为文件命名，单击"保存"按钮保存文件（如图 4.23 所示）。

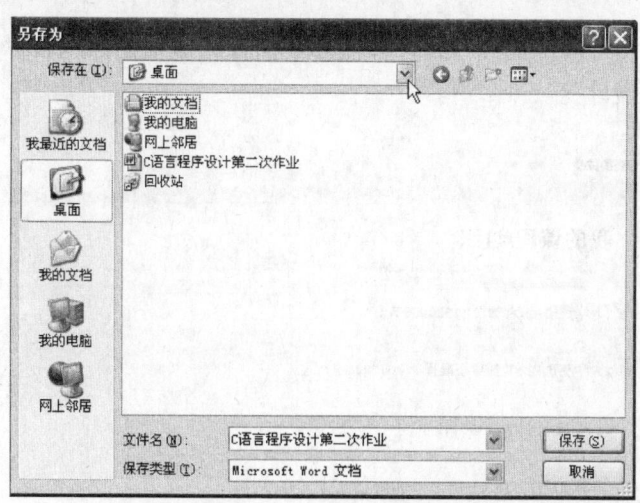

图 4.23　作业保存位置的设定

(3) 在计算机上打开保存的文件，完成作业后，再次保存作业。在作业的标题栏下面要写上学号、姓名和所属学习中心的名称。

(4) 回到作业界面中，单击"浏览我的电脑"按钮，添加做好的作业文件，然后单击"保存并提交"按钮完成作业提交（如图 4.21 所示）。

四、查询作业成绩

查询作业成绩的步骤如下：

（1）在学习平台首页的"工具栏"中单击"我的成绩"（如图 4.24 所示）。

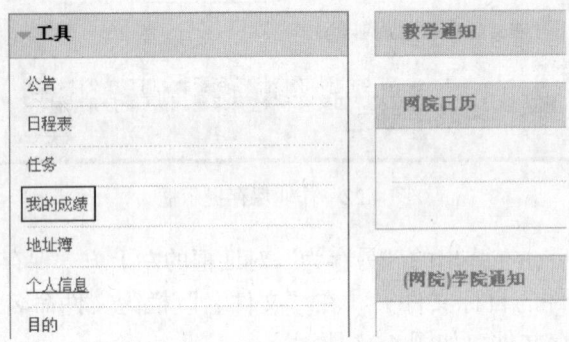

图 4.24 查看作业成绩界面

（2）在"我的成绩"栏选择需要查询作业成绩的课程名称，如"C语言程序设计"。

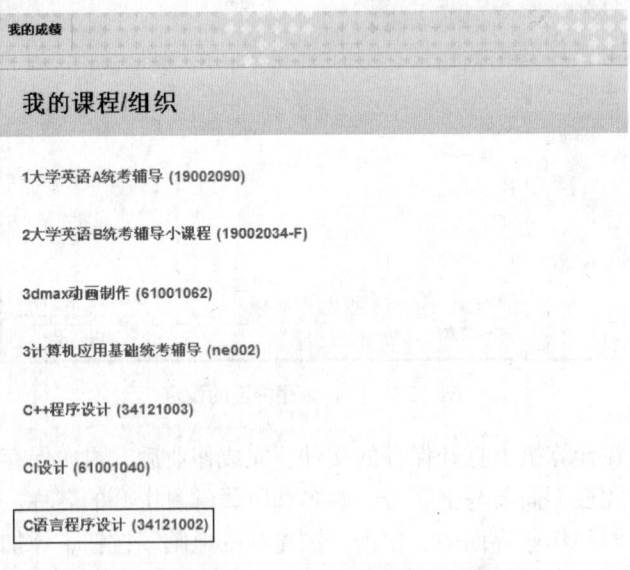

图 4.25 选择要查询成绩的课程

(3) 作业的成绩会显示在如图 4.26 如示的界面中。"成绩"栏显示的是该课程两次作业的成绩。如果作业全部为客观题，则能直接看到作业的分数，但是，如果作业中有主观题，则成绩簿中只显示"！"，表示需要教师批改完主观题后才能看到作业成绩。

图 4.26　查看成绩界面

(4) 单击成绩栏中的成绩，可以核对所做作业的答案（如图 4.27 所示）。

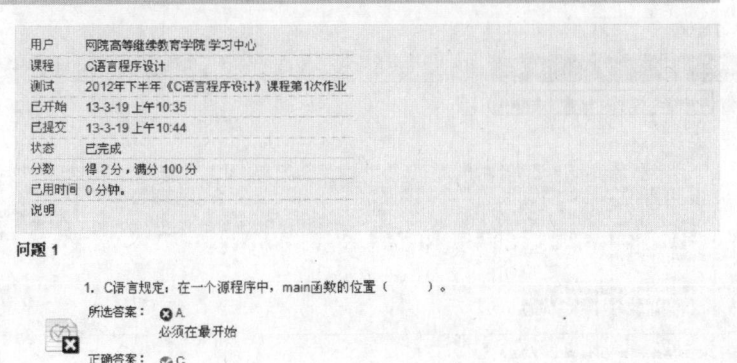

对于可以多次尝试的作业，只能在作业提交截止日期后才能看到答案

图 4.27　作业答案界面

五、参与学习活动

在线学习活动的常见形式有主题讨论、案例分析、课后阅读、资料收集以及社会调查等,学生需要根据教师提供的模式参与学习活动。现以"中级财务会计"课程为例对学生参与学习活动的情况进行说明。

(1) 点击"学习活动"按钮,进入学习活动内容区(如图4.28所示)。

(2) 点击学习活动题目,进入并开展学习活动(如图4.29所示)。每门课程学习活动的设计不同,会有不同的活动模式。"中级财务会计"是以讨论板的模式开展学习活动的,学生应根据所学知识,针对教师提出的思考题,积极参与讨论。

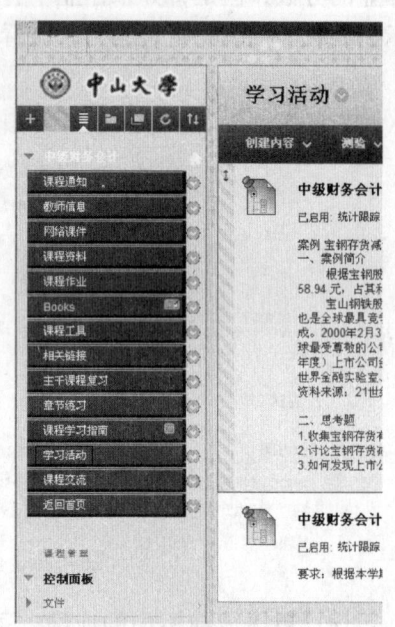

图4.28 学习平台上"学习活动"选择栏

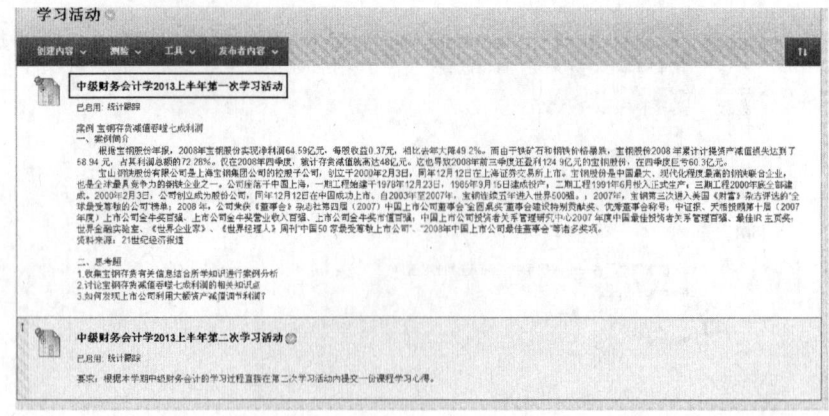

图4.29 学习活动界面

（3）点击"创建话题"按钮，发表自己的观点（如图 4.30 所示）。

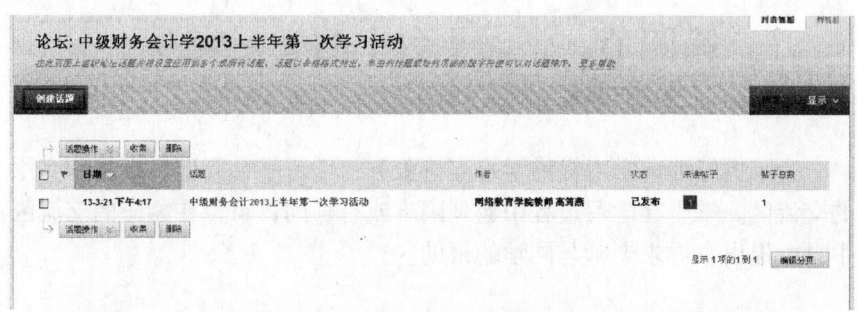

图 4.30 "创建话题"界面

本节小结

本节介绍了通过学习平台进行网络课件点播的基本操作以及通过学习平台下载、提交作业和查询作业成绩的详细操作步骤。

学习活动

1. 请详细描述完成文件回应型作业的基本步骤。
2. 请说说怎样查询作业成绩。

＊学习笔记＊

第四节　学习平台上的学习交互

为了更好地向学生提供学习支持服务，学习平台开辟了方便和实用的交流区。学生在学习过程中遇到困难或有疑问，可以在相应的交流区中自由提出，寻求老师与同学的帮助。

一、课程问题交互

每门课程都有独立的课程交流区，因此，与课程相关的问题，学生首先要进入相应的课程中提出，如果进错了课程，提出的问题将得不到辅导教师的回复。在课程交流区提问的步骤如下：

(1) 进入课程，如"护理学基础"。

(2) 单击课程中的"课程交流"栏，进入课程交流区，如图 4.31 所示。

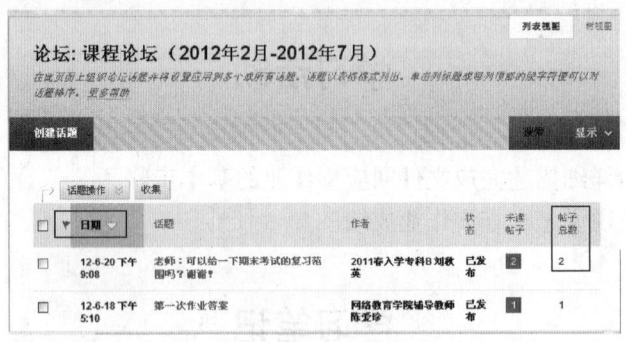

图 4.31　课程交流界面

同学们可以对课程交流区发布的帖子进行排序：

(1) 单击"日期"，可对发布的帖子按日期进行排序。

(2) 单击"未读帖子"，可对发布的帖子按照是否已读进行排序。

另外，从"帖子总数"栏中显示的数量一般可以看出教师是否已经回复，如果帖子总数为 1，就表示教师还没有回复。当学生在课程交流区提与课程内容无关的问题时，教师可能无法回复。

(3) 查看交流区的帖子：学生可以单击任何一个问题的链接，查看其他同学的提问以及教师所做的回复。图4.32为师生交流帖子的示例。

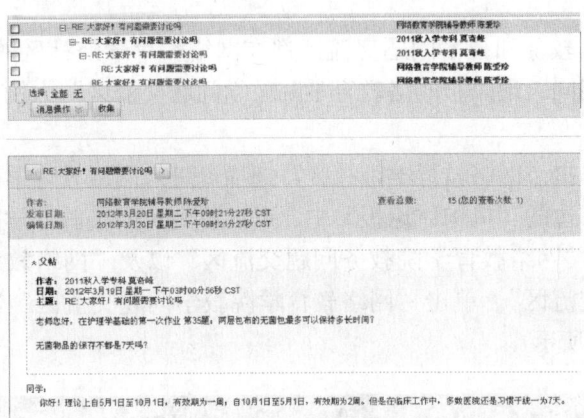

图4.32　师生交流的帖子

(4) 在交流区提问。如果在课程交流区中，其他同学已经提了自己要提的问题，那么只需要查看教师对问题的回复即可；对新的问题，学生可以在课程交流区自由提问。提问的步骤如下：

① 单击课程交流区界面左上角的"创建话题"链接，进入"创建话题"界面。

② 在主题栏填写问题的标题，但要简单明了。

③ 在内容框内说明自己的问题，越详细越好。

④ 问题填写完成后，单击界面上的"提交"按钮，即可完成提问过程。成功提交自己的问题后，可以在课程交流区看到自己发布的帖子。

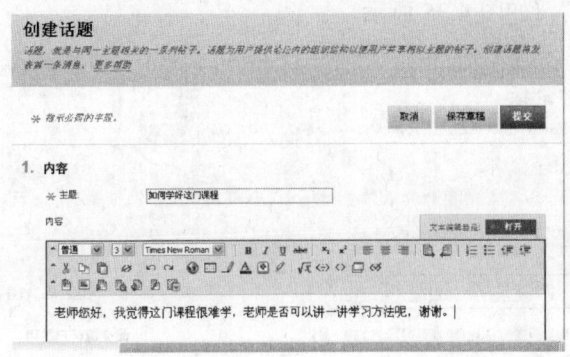

图4.33　课程交流区提问界面

二、教学、教务和技术问题交互

教学、教务和技术问题交流区都在网络教育学院社区的选项卡中,操作方法相同,现以"网络教育学院教学问题交流区"为例说明具体的操作步骤。

(1) 单击"网络教育学院社区"选项卡进入网络教育学院社区,在社区界面右边的"机构讨论板"中,可以看到"网络教育学院教学问题交流区"、"网络教育学院教务问题交流区"以及"网络教育学院平台技术问题交流区"。单击"网络教育学院教学问题交流区"进入讨论板(如图 4.34 所示)。

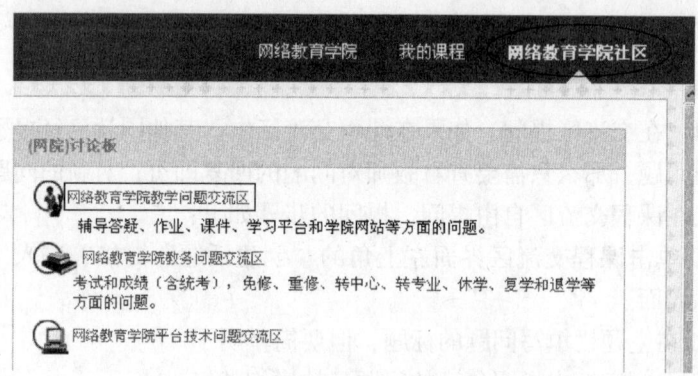

图 4.34　网络教育学院社区的机构讨论板

(2) 选择本学期的教学问题交流区,如"教学问题交流区(2013年 2～7 月)"(如图 4.35 所示)。

图 4.35　教学问题交流区选择界面

(3) 在教学问题交流区界面（图 4.36），首先查看其他同学提出的问题，如果是新问题，可以点左上角的"创建话题"按钮提出新问题，具体方法与课程交流区的提问方法相同。

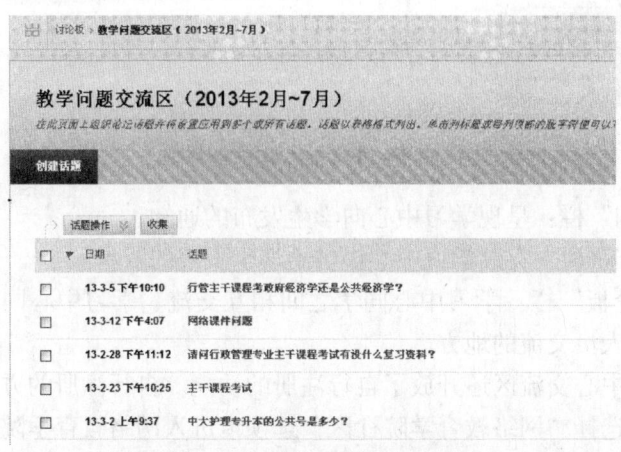

图 4.36 "教学问题交流区"界面

三、学习中心学生之间交互

学习中心交流区按照学习中心进行分类，学生注册后就会进入自己所属的学习中心，如在中山大学高等继续教育学院学习中心的学生就会注册到"中山大学高等继续教育学院"组织中。学习中心交流区在学习平台首页右下角"我的组织"栏目中（如图 4.37 所示）。

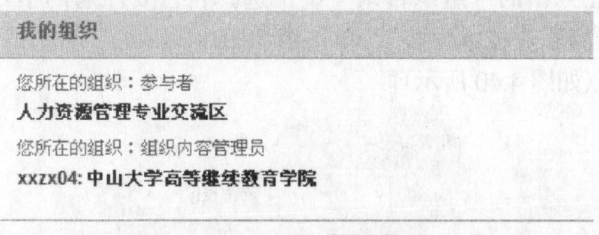

图 4.37 "我的组织"界面

学习中心交流区的界面相对比较简单，图 4.38 是中山大学高等继续教育学院学习中心交流区的界面。

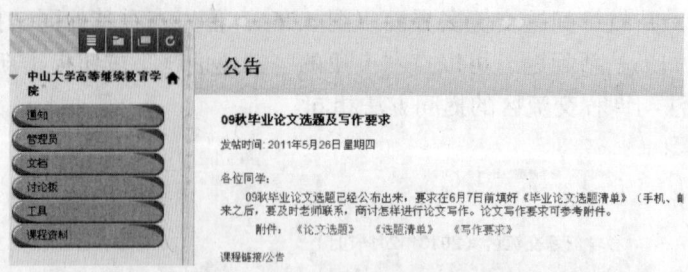

图 4.38　学习中心交流区界面

"通知"栏：呈现学习中心向学生发布的通知。

"文档"栏：存放学习中心提供给学生下载的资料。

"讨论板"栏：学习中心同学之间相互交流、学习中心同学与学习中心管理人员交流的地方。

学习中心交流区还开放了自行注册的功能。自行注册的方法如下：

（1）选择"网络教育学院社区"选项卡进入网络教育学院社区。在社区的"组织目录"栏选择"网络教育学院学习中心交流区"，单击进入，如图 4.39 所示。

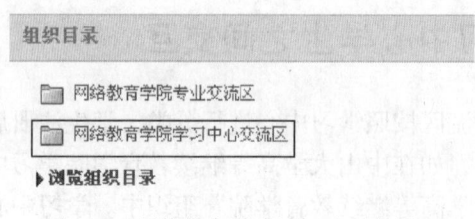

图 4.39　网络教育学院社区选项卡界面

（2）在列出的"组织目录"中，选择自己要注册的学习中心，如"广东农工商职业技术学院"，单击组织 ID "xxzx03" 右边的下拉箭头，点击注册（如图 4.40 所示）。

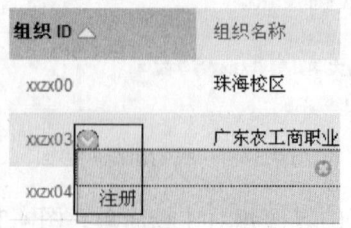

图 4.40　学习中心交流区注册界面

(3) 注册成功后，可以在学习平台首页"我的组织"中看到所注册的学习中心的名称，单击就可以进入学习中心交流区了。

 **特别提示**

1. 学生有任何问题，都可以向学习中心的管理人员咨询。
2. 如果学生觉得家里的学习环境不够好，可以到学习中心上网学习。
3. 请在截止日期前提交作业。如果作业提交不成功，可以打电话到远程教育教学部（020-84112177）咨询。
4. 在学习平台首页的成绩簿中就可以查看各门课程的作业成绩。
5. 由于不同类型的问题需要在不同交流区提出，因此，在提问前学生需要对问题进行分类，如果没有在对应的交流区提出问题，很可能得不到回复。

本节小结

本节详细介绍了利用学习平台与教师和同学进行交流讨论的方法和具体步骤，这是实现学习交互的一个重要途径。熟练掌握参与网上交互的基本操作是顺利开展远程学习的基本要求，学生在学习过程中遇到问题，一定要主动出击，充分利用周围的各种资源来为自己的学习服务，这样才能取得事半功倍的效果。

学习活动

1. 在学习平台的交流区提问应注意哪些问题？
2. 请登录 Blackboard 学习平台，进入"远程学习方法"课程的教学交流区，尝试参与学习问题交流。

* 学习笔记 *

_____
_____
_____

第五章　远程学习方法

远程教育具有学生与教师分离，采用特定的传输系统和传播媒体进行教学，信息的传输方式多种多样，学习场所和形式灵活多变等特点。远程学生不再被局限在教室里进行学习。相反，每个学生都有自己的学习风格，可以自己制定学习进度计划，选择合适的时间和地点去学习。但是，学生从小接受的都是传统面授教育，再加上自身的其他因素，对这种全新的教育形式可能一时难以适应，不知该如何进行远程学习，也不知如何才能坚持远程学习。本章会提供一些远程学习方法、相关的案例和策略等供学生参考。

一、内容框架

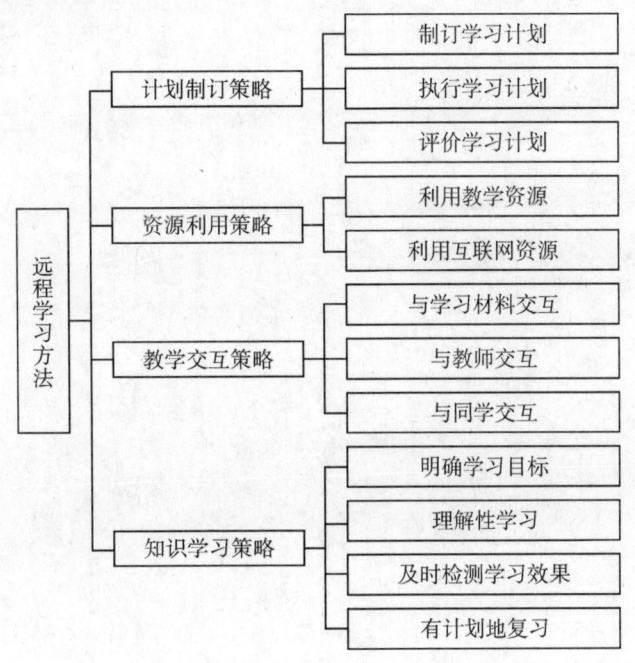

二、学习目标

通过本章学习，拟达到的学习目标包括：
◇ 能够根据自己的实际情况制订、执行并评价学习计划
◇ 熟练掌握利用教学资源和互联网资源的方法和操作
◇ 熟练掌握和灵活运用教学交互的策略
◇ 理解并尝试运用各类知识学习的基本策略

第一节 计划制订策略

现代信息技术的高速发展，使学习者能够随时随地地开展远程学习。这种极具灵活性的远程学习方式，为学生的学习带来了极大便利，同时也对学生的学习自主性提出了较高的要求。学生要做到自主、自觉地学习，制订并执行一个良好的学习计划是非常必要的。

一、制订学习计划

一个成功的学习者不仅仅是一个主动的学习者，而且也应该是一个善于制订和执行学习计划的好手。一个思虑周全的学习计划，能够帮助学习者有条不紊地完成各项学习任务，不会因为工作繁忙而耽误学习，也不会因为平时没学习而考试时临时抱佛脚。

对中山大学网络教育学院的学生来说，制订一个学习计划显得更为重要。因为每学期每门课程至少有2次作业、2次学习活动，每一次作业和学习活动都有规定的提交时间，如果错过提交时间，将不能提交，也就没有作业或学习活动成绩，这将直接影响课程总评成绩。

学生可以根据自己的学习习惯，制订周学习计划或月学习计划。这里以周学习计划为例，说明制订学习计划的方法与步骤。

（1）确定每周需要用于学习的时间。一般来说，学生所选课程的学分总数即为每周所需学习的课时数。比如，某同学本学期选了4门课程，学分总数为16，那么，该学生每周需要的学习时间约为16课时。当然，由于每个学生的基础和学习能力有差异，每个人所需的学习时间可以有一定弹性。

（2）了解学习任务的时间安排。每学期开学前，网络教育学院会在学院主页、管理平台、学习平台上发布教学日历。在教学日历中，包含了各项学习任务以及期末考试的时间安排。学生要记住与自己学习紧密相关的时间点，如第一、二次作业和学习活动的提交时间、期末考试时间等。了解这些时间安排是制订学习计划的一个先决条件。

（3）确定每周能用于学习的时间。了解自己工作之余有多少时间可

主题讨论

你更愿意制订周学习计划、月学习计划还是学期学习计划？为什么？

以用于学习的方法有很多，建议大家按照表5.1的格式先列出未安排学习任务前的个人时间安排，然后分析、规划出能够用于学习的时间。对在职学生来说，要在工作之余挤出所需要的学习时间确实会比较困难，有时需要牺牲消遣、娱乐、社会交往甚至照顾家庭的时间。

表5.1　未安排学习前的个人时间安排

时间	星期一	星期二	星期三	星期四	星期五	星期六	星期日
7:30～8:30	早餐	早餐	早餐	早餐	早餐	睡觉	睡觉
8:30～9:00	工作	工作	工作	工作	工作	早餐	早餐
……							
20:00～21:00	看电视	上网	阅读	看电视	上网	访友	看电视
……							

（4）安排具体的学习内容。在时间安排中列出学习时间后，将具体学习内容（课程名称）填入每周学习时间安排中。对所选课程，建议每周至少安排一次学习时间，循序渐进地进行学习。表5.2为会计专业学生的学习时间安排。

表5.2　每周学习时间安排（示例）

时间	星期一	星期二	星期三	星期四	星期五	星期六	星期日
7:30～8:30	早餐	早餐	早餐	早餐	早餐	睡觉	睡觉
8:30～9:00	工作	工作	工作	工作	工作	早餐	早餐
……							
20:00～21:00	经济数学	远程学习方法	大学英语（一）	看电视	大学英语（一）	访友	大学英语（一）
……							

（5）将学习任务（如课程作业、学习活动）在学习时间安排最显眼的位置记录下来。学生也可以直接将学校公布的教学日历打印出来，挂（贴）在最显眼的位置。

 **扩展阅读**

时间管理的 4 条魔法

1. **魔法一：改变想法**

美国心理学之父威廉詹姆士发现有两种对待时间的态度："这件工作必须完成，但它实在讨厌，所以我能拖便尽量拖"和"这不是一件令人愉快的工作，但它必须完成，所以我得马上动手，好让自己早些摆脱它"。

当学生有了动机，迅速踏出第一步是很重要的。不要想立刻改变自己的整个习惯，只需强迫自己现在就去做必做的某件事。

2. **魔法二：学会列清单**

把自己要做的每一件事情都写出来列在一个清单上，这样做首先能让学生随时明确自己手头上的任务，且当自己看到清单时，也会产生紧迫感。

3. **魔法三：遵循 20∶80 定律**

生活中肯定会有一些突发困扰和迫不及待要解决的问题，如果学生发现自己天天都在处理这些突发事情，那表示自己的时间管理不理想。成功者花最多的时间在做最重要的事情上，而不是在最紧急的事情上。

4. **魔法四：安排"不被干扰"的时间**

每天至少要有半个小时到一个小时"不被干扰"的时间。假如学生能有一个小时完全不受任何人干扰，自己关在自己的空间里面思考或者学习，这一个小时可以抵过一天的工作效率，甚至有时候这一个小时比一天的效率还要高。

二、执行学习计划

制订好学习计划之后，就需要按照学习计划认真执行。

学习计划的执行要采取原则性与灵活性相结合的方法。不到万不得已的时候，不要打乱自己的学习计划，要严格按照计划安排学习活动。不要给自己找任何借口。当然，对在职学生来说，由于工作的原因，有

远程学习方法与技术

主题讨论

执行计划时主要会遇到哪些困难？

时也会有一些突发的工作或应酬需要占用学习时间，因此制订学习计划后，需要安排一些灵活的时间，用于应付突发事件。

认真执行学习计划有以下好处：

（1）帮助学生克服惰性和倦怠心理，尤其当它配合一定的奖励制度时，作用更大。

（2）控制学生的学习进度，能够使学生有条不紊地学习。

（3）确保整个学习过程不会浪费太多的时间，能够有时间完成规定的学习任务。

（4）能够随时了解重要学习任务的结束时间，不会错过作业、学习活动的提交时间。

 扩展阅读

时间的"窃贼"

通常制订了时间表，但有时难以依计划行事，总感觉没有时间，那么，究竟是谁偷了时间呢？偷走时间的"窃贼"主要有以下几个：

（1）缺乏明确的目标。一天到晚好像都非常忙，但所做的事情没有融入自己学习和工作的目标中。

（2）拖延。把很多事情拖到明天再做，明日复明日，结果事情总没完成。

（3）缺乏优先顺序，相当于主次不分。

（4）想做的事情太多。其实，一段时间内能做好做精一两件事情就不错了。

（5）做事有头无尾，这就等于没有做。

（6）不会授权。担心大权旁落，凡事都自己做，越做越累。

（7）不会拒绝别人的请求。凡事有求必应，其结果是承接的事都没有做好。

（8）仓促决策。匆匆决定，匆匆放弃。

（9）行动缓慢。应该谨慎决策，快速行动。

（10）懒惰。与拖延是一对兄弟。

三、评价学习计划

在学习计划执行一段时间后（比如两周或一个月），可以对自己所制订的学习计划进行评价，根据执行结果对学习计划适当进行调整。

学习计划评价的内容包括三个方面：

一是整体时间安排是否合理，即按照所制订学习计划的时间安排，能否按时完成各项学习任务。如果按照现有学习计划的时间安排，完成不了课程学习，则需要增加学习时间或者提高学习效率。如果按照现有学习计划的时间安排，能够较轻松地完成学习任务，则可以将一部分学习时间调整为娱乐或休息时间。

当按照计划完成了任务后，可适当地奖励自己

二是每门课程的学习时间安排是否合理。初次制订学习计划，可能出现有些课程的学习时间安排偏多，有些课程的学习时间安排偏少。这时，就需要对每门课程的学习时间进行总体规划和调整，以确保能够按时完成各门课程的学习。

三是学习时间和休息时间是否搭配恰当。远程学习一定要注意劳逸结合，学习时间和休息时间一定要合理搭配。学习过程中要安排一定的休息时间，良好的休息能够提高学习的效果，从这个角度看，休息有时也是一种学习。

本节小结

本节为大家介绍了制订和执行学习计划的方法。执行学习计划有时比制订学习计划更重要，学习计划制订后一定要认真执行。在学习计划执行一段时间后要对学习计划进行评价，适当调整自己的学习计划，使学习计划更适合自己的学习。

学习活动

根据自己的学习任务制订学习计划，并按照学习计划执行。两周后对自己制订的学习计划进行评价和调整，并谈谈自己对制订学习计划的体会。

* 学习笔记 *

_____
_____
_____

第二节　资源利用策略

　　远程学习是基于学习资源的学习。对远程学习者来说，充分而科学地利用学习资源，不仅可以大大节省学习时间，而且会提高学习效率。在信息时代，远程学习者除了可以利用学校提供的学习资源外，还可以利用互联网丰富学习资源。如何甄别和有选择地合理利用学习资源，不仅是一种远程学习的方法，而且也是一种对传统学习方法的挑战。

一、利用教学资源

1. 了解课程学习资源

　　远程学习者在正式开始课程学习前，需要对学校提供的课程资源有全面的了解。为了满足学习者多样化的学习需求，远程教育院校一般都设计和制作了形式多样、内容丰富的课程学习资源。这些课程学习资源主要有导学资源、课程内容资源、效果检测资源、课程复习资源、课程拓展资源等。这些课程学习资源基本涵盖了学生学习的全过程，因此学生每一阶段的学习都会有学习资源的支撑。比如，课程导学资源是学生正式学习前的资源，课程内容资源是学生正式学习时的资源；效果检测资源是学生学习过程中的资源；课程复习资源是课程学习后的资源；课程拓展资源则是拓展学生视野的资源。

2. 充分利用导学资源

　　导学资源是课程学习的指导性资源，通常包括课程学习方法、课程教学大纲、课程教学安排和教师信息等；课程学习方法能够让学生了解学习该门课程的最佳方法，课程教学大纲能够让学生了解课程的内容概要及教学的重点、难点，教师信息资料则能够让学生了解教师团队的情况，获得教师的联系方式。由此可见，充分利用课程导学资源，能够让学生的课程学习有的放矢，用最适合自己的学习方法获得最好的学习效果。

3. 科学利用网络课件等课程学习资源

课程学习资源是远程学习者主要的学习资源，也是远程教育院校资源建设的重点。课程学习资源通常包括网络课件、课程教材、电子教案等，有些课程还提供动画演示、移动学习形式的资源；在课程学习资源中，电子教案资源可以让学生了解教师教学的内容框架，课程教材可以让学生在不上网的情况下熟悉课程教学的基本内容，网络课件则可以让学生聆听教师的内容讲解。网络课件是教师对课程内容的系统讲解，不仅是学生学习的核心内容，也是教师进行课程作业、考试命题的基本依据，因此，学生课程内容的学习要以网络课件为主。

每个学习者都会有自己的学习方法和学习习惯，建议学生按照下述方法进行课程内容的学习：在学习某一章节内容前，先浏览网上的电子教案了解教师讲解的内容框架，然后参考电子教案的内容框架利用教材预览相关教学内容，在对课程内容有初步理解后，带着问题去点播网络课件，进行正式的课程内容学习。

4. 适时利用效果检测资源

效果检测资源是学生用于检测自己学习效果的资源，通常包括课程章节练习、课程作业以及学习活动等。学生在学完某一章节的课程内容后，可以利用效果检测资源检验自己对课程内容的掌握程度，通过查漏补缺，达到全面掌握课程内容的目的。

学习者在学习课程内容时，要适时利用这些效果检测资源，比如在学完某一章节后，就可以做对应章节的章节练习，检验自己对该章节的掌握程度。章节练习一般为客观题型的在线练习，做完之后可以马上查看答案，因此，可以较快地检测自己的学习效果。学生在学习一段时间后，可以参加学校规定的学习效果测验。如学期中的时候，要完成第一次课程作业和学习活动，临近学期末的时候，要完成第二次课程作业和学习活动，学生通过完成课程作业和学习活动，也能检测自己的学习效果。

效果测验资源与课程内容资源相辅相成，想要达到好的学习效果，二者缺一不可。

5. 选择利用拓展资源

课程拓展资源是教师提供的用于拓宽学生视野的相关知识，是为学有余力的学习者准备的资源。拓展资源形式多样，有些是视频、音频形式的资源，有些是电子文本形式的资源，还有些可能是一个外部网络链接。

为拓宽学生的视野，中山大学还从文科、理科和医科各领域挑选了100个优秀讲座资源放在学习平台上供大家点播学习，这些讲座的讲授者绝大多数为我校及国内外知名的专家学者。

面对丰富的拓展资源，学生要根据自己的学习时间以及兴趣爱好有选择地使用这些拓展资源。

二、利用互联网资源

2002年，美国麻省理工学院将自己的500门课程向全世界开放，掀起了世界范围内的教育资源开放大潮，也使得互联网上汇集了海量的免费教育资源，其中不乏优质的学习资源。因此，同学们除了充分利用学校的教学资源外，还可以合理地利用互联网上的免费优质资源，深入开展远程学习。

目前，互联网上的共享资源数量很多，类型丰富，主要包括视频公开课资源、网上百科全书资源、网上数字图书馆资源、知识网络平台和学习网站等。

1. 视频公开课资源

视频公开课资源是互联网上数量最多、热度最高的共享资源，这些视频公开课资源不仅有来自国内高校或社会教育机构的共享资源，还有来自于国外知名高校的公开课资源，如哈佛大学、麻省理工学院、牛津大学和耶鲁大学等。目前，承载公开课的知名网站主要有网易公开课 (http://open.163.com/)、新浪公开课 (http://open.sina.com.cn)、凤凰视频公开课 (http://v.ifeng.com/gongkaike) 和爱课程 (http://www.icourses.edu.cn/) 等。每一个公开课网站都有门类齐全、数量庞大的公开课资源，而且数量还在快速增长。

对学习者来说，能够免费享用互联网上的视频公开课当然有益于远程学习。对互联网上海量的视频公开课资源，学生要采取"拿来主义"，根据自己的学习、工作或兴趣有选择地进行学习。比如,如想了解金融学专业相关的视频公开课,可以登录网易公开课网站,在主页搜索栏输入"金融"两字,就会出现很多与金融相关的国内外视频公开课,包括耶鲁大学的"金融理论"、"金融市场",可汗学院的"金融学"等(如图 5.1 所示);如果对社交礼仪感兴趣,那么可以登录爱课程网站,其中的"现代礼仪"、"演讲与口才"讲座将会使学生受益良多。

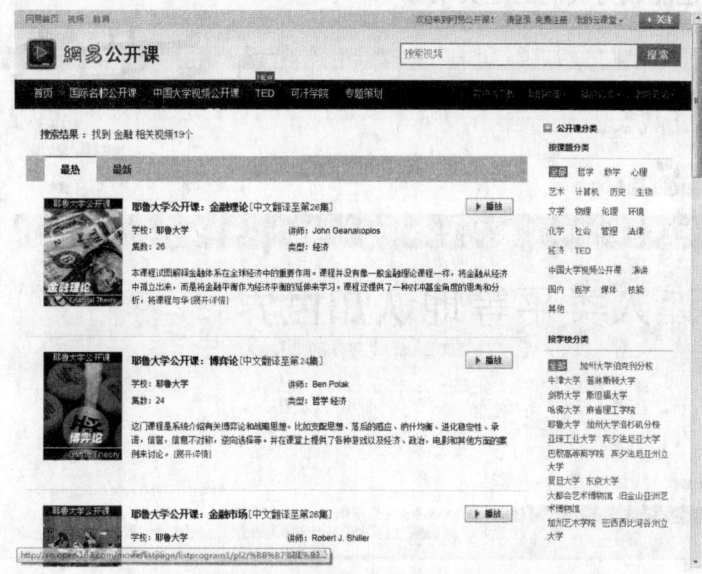

图 5.1　网易公开课网站中的金融类视频公开课

国内门户网站(如网易、新浪)为了推广视频公开课,还专门定制了基于 IOS 系统、Android 系统的视频公开课版本,学生下载相应的版本后可以使用平板电脑、智能手机浏览视频公开课获得更好的学习体验。

2. 利用网上百科全书

网络百科全书是一种基于 WIKI 技术的网络资源。WIKI 指的是一种网上共同协作的超文本系统,可由多人共同对网站内容进行维护和更新,是典型的 UGC(用户原创内容)运作系统。其中,WIKI 利用 UGC 概念,使网站的内容制作和编辑成本最小化,却能够实现领域知识的积累和最大化。目前,中文类的百科全书主要有互动百科、百度百科(如图 5.2 所示)以及维基百科等。

网络百科全书以知识全面、内容丰富为广大学习者所青睐,学习者在学习过程中遇到任何问题，都可以尝试从网络百科全书中寻找答案。基本上能想到的问题都能从百科全书中寻找到答案。

网络百科全书也有其自身的不足。由于网络百科全书是社会公众共同参与编写的结果，缺乏严格的专家审核机制，网络百科全书内容较缺乏权威性。因此，我们在网络百科全书中所获得的学习资源不一定完全正确，但是我们只要带着甄别的眼光去看待网络百科全书，那么网络百科全书也能成为我们的工具书。

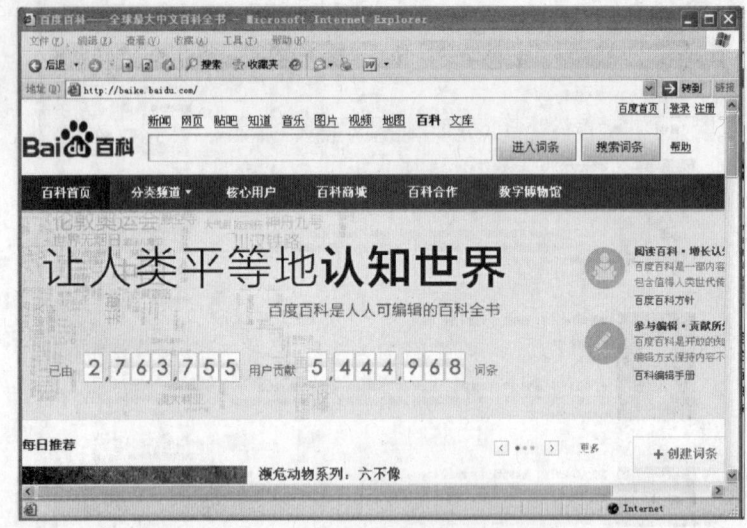

图 5.2 百度百科首页

3. 利用数字图书馆资源

数字图书馆也是一个获取资源的好途径。通俗地讲，数字图书馆就是虚拟的、没有围墙的图书馆，是基于网络环境共建共享的、可扩展的知识网络系统，是超大规模的、分布式的、没有时空限制的、可以实现跨库无缝链接与智能检索的知识中心。常见的数字图书馆有超星数字图书馆、中国国家数字图书馆等。比如，超星数字图书馆（如图5.3所示）是目前世界上最大的中文在线数字图书馆，提供大量的电子图书，包括文学、经济、计算机等50余大类，数十万册电子图书，300万篇论文，全文总量4亿余页，数据总量30 000 GB，并且每天仍在不断地增加与更新。

方 法 篇

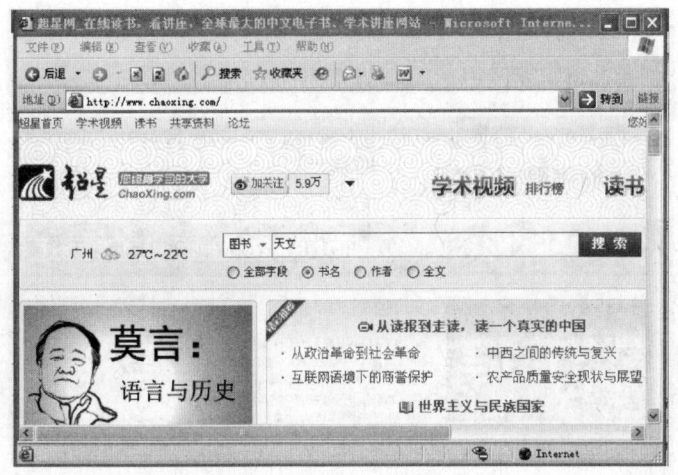

图 5.3　超星数字图书馆首页

　　学习者在远程学习时，可以根据自己专业学习的需要，在数字图书馆在线阅读或下载课程学习相关的电子图书，也可以在数字图书馆搜索自己感兴趣的电子图书，进行在线阅读或下载。与传统图书馆相比，数字图书馆具有不受时空间限制、随时可以在线阅读的特点，因此，充分利用数字图书馆，就相当于身边多了一个随时可用的图书馆，增加了我们获取学习资料的机会。

　　在互联网上，除了可以利用视频公开课资源、网上百科全书资源以及数字图书馆资源外，我们还可以利用知识网络服务平台（CNKI）、专业领域学习网站获取需要的学习资源。总的来说，我们要充分利用信息化的手段，利用好身边的学习资源，科学地进行远程学习。

　扩展阅读

　　互动百科是目前全球最大的中文百科网站，其网址是：http://www.hudong.com（图 5.4）。互动百科创建于 2005 年 7 月 18 日，其愿景是致力于建设全球最好、最全的全人工中文百科，与亿万网民共享百万在线百科知识库，成为最中立的知识载体。截止到 2011 年 9 月，词条数达 566 万，文字达 57.3 亿，图片达 600 多万张。

111

图 5.4　互动百科首页

维基百科（英文 Wikipedia，是维基媒体基金会的商标）是一个自由、免费、内容开放的百科全书协作计划，也是一部用不同语言写成的网络百科全书，参与者来自世界各地。其目标及宗旨是为全人类提供自由的百科全书——用他们所选择的语言书写，是一个动态的、可自由访问和编辑的全球知识体，也被称作"人民的百科全书"。其中文网站网址为：http://zh.wikipedia.org（如图 5.5 所示）。

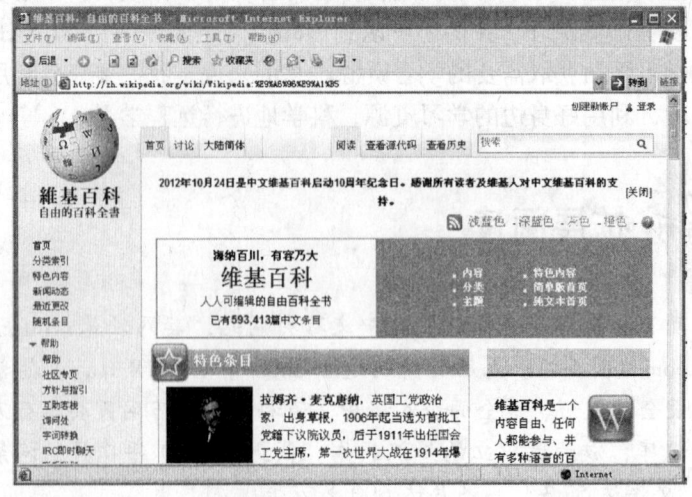

图 5.5　维基百科首页

第三节 教学交互策略

教学交互是教学过程中的一个重要环节。尤其是在远程教学中,由于学生与教师在时空上处于相对分离的状态,为了更好地进行远程学习,学生必须学会与学习材料交互、与教师交互和与同学交互。下面我们提供一些教学交互的策略供大家参考。

一、与学习材料交互

学习材料不是生物,没有思想,更不会说话,学生怎么能跟它们产生交互呢?其实,学习材料是会"说话"的,而且学生在利用学习材料学习时,也经常跟它们进行无声的对话,只是自己没有意识到。

举个很简单的例子。当学生阅读到"学习材料不是生物,没有思想,更不会说话,怎么能跟它们产生交互呢?"此时,如果学生心里在想:"就是啊,我怎么能跟一本不会说话的书交互呢?"其实,这时学生已经在跟学习材料对话了,也就是在与学习材料交互。

那么,学生如何与学习材料进行有效交互呢?

首先,要做到在交互中思考。也就是说,当学生在观看或阅读学习材料的时候,一定要用心思考,看到不明白的地方,要多思考"为什么"、"怎么办",经过思考,促使学生在学习材料中主动寻找答案,而当学生在学习材料中寻找到答案时,就像学习材料应学生的需求将答案提供给学生一样,这就是交互。而且,学生寻找到答案之后,会有一种豁然开朗的愉悦感,否则学生的学习就像水过鸭背,不留痕,没有实现与学习材料的交互。

其次,按照学习材料的配套学习安排进行学习。学习材料通常都会根据学习目标设置一些相关的练习题,提出一些要思考的问题,进行学习内容小结等,跟着学习材料完成这些学习步骤,会促使学生对学习内容进行更深入的思考,实现与学习材料更深层的交互。

最后,参加目标测试。即对照学习材料的学习目标,检查自己对学习内容掌握的程度,查漏补缺,完成自己的学习目标。

如果学生能够充分和科学地应用以上方法，应该能够实现与学习材料的良好交互，达到良好的学习效果。

典型案例

"远程学习方法与技术"这门课的文字教材，正文中设计了各种栏目，如信息岛、典型案例、思考等，在右侧留白处给出了一些与学习内容相对应的提示，提醒大家哪里可观看教师授课的网络课件、哪里需要上课程论坛与同学讨论、哪里需要学生动手操作等。这些其实是教师们对课程学习进行教学设计的体现，如果学生能按照这些提示去学习，就能按教师的要求实现与学习材料的交互。

二、与教师交互

请在课程论坛向辅导教师发一条信息或问题

在学习过程中，只是埋头苦读是不够的，学生除了与学习材料进行交互外，还要主动联系辅导教师，积极与辅导教师交互，从教师那里获取更直接的支持服务。

学生与教师交互的途径很多。学生可以在课程论坛中与教师交互，也可以通过电子邮件、电话等方式与教师交互。基于网络教育的特点，学生与教师的交互主要在课程论坛中进行。课程论坛交互具有非实时性特点，也就是学生的提问可能不能及时获得回答，但是这种非实时交互方式，也有其优点，即学生能够从容地在课程论坛提出问题，教师也能够有时间详细解答学生的问题。

每学期开学后，辅导教师会在课程中公布实时在线辅导答疑的时间，每星期一般有4次实时答疑，答疑时间一般安排在晚上，如果学生在教师答疑时间内提问，学生就能够很快获得回复。由于每位教师面对的学生较多，如果学生要从辅导教师处获得较多的学习支持，就需要更主动地与教师交互，在课程论坛中积极提问。

 扩展阅读

六度空间理论

1967年5月,米尔格兰姆在《今日心理学》杂志上发表了实验结果,并提出了著名的六度空间假说。六度空间理论可以简单地阐述为:人和任何其他人之间的关系不会超过六度。也就是说,最多通过6个人就能认识任何一个陌生人。该理论产生于20世纪60年代,由美国哈佛大学社会心理学教授米尔格兰姆提出。其数学解释如下:假设每个人至少认识60个人,其6次方就是460亿人。即使消除一些节点重复,也覆盖了整个地球人口的好几倍。米尔格兰姆还做了一个著名的实验,他从内布拉斯加州和堪萨斯州招募到一批志愿者,随机选出其中的300名,请他们邮寄一个信函。信函的最终目标是米尔格兰姆指定的一名住在波士顿的股票经纪人。米尔格兰姆就让志愿者把信函发送给他们认为最有可能与目标建立联系的亲友,并要求每一个转寄信函的人都回发一个信件给米尔格兰姆本人。出人意料的是,有60多封信最终到达了目标股票经济人手中,并且这些信函经过的中间人的数目平均只有5个。也就是说,陌生人之间建立联系的最远距离是6个人。

三、与同学交互

学习伙伴是学生在学习过程中的重要资源,与同学间的交互会对学生的认知活动产生影响。与同学们围绕某个主题进行讨论交流,各自形成自己的判断,表达自己对问题的见解以及解决问题的不同思路,分享各自的想法,相互解疑、争辩和评价、合作解决各种问题都是同学间交互的具体方式。交流合作能加深学生对问题的理解,同时也会引发学生对各种问题的批判性评价以及对自己原有想法的进一步反思。学生在与其他同学分享自己见解的同时,也会从中受益,丰富、扩充自己的知识,正如柏拉图所说:"学生有一种思想,我有一种思想,相互交换,我们都能拥有两种思想。"这是一个资源共享的年代,只有懂得与人分享自己的知识,并能分享别人的知识,才能适应社会发展的潮流。

主题讨论

学习伙伴对自己的学习将会有哪些帮助?

与同学交互的方式很多，一是可以参加学习中心组织的学习活动，面对面地与同学交互；二是可以在课程论坛、学习中心交流区以及专业交流区与同学交互；三是可以通过QQ、微博、微信等现代信息技术手段与同学交互。

同学们只要善用信息化的交流工具，再远的教师、同学、朋友，也会远在天边，近在眼前，正所谓"海内存知己，天涯若比邻"。

 扩展阅读

网上交往礼仪

在网络上与他人交往离不开网络礼仪。虽然，网上交往隐去了交往者的身份、年龄、性别、外貌特征，但这并不意味着网络交往可以随心所欲。要使自己在网上的交往得心应手，就必须注意网上礼仪。在网上交往通常流行着以下这些"潜规则"。

（1）尽量发短消息。人们不喜欢阅读篇幅过长的电子邮件或BBS帖子。如果确有很多内容，则可将其分成若干短消息。

（2）忌用大写字母（尤其在短消息中）。大写字母在网络上相当于面对面讨论环境中的大声喧哗，被视为不礼貌。当然，如果需要特别强调某一观点可以使用大写字母。

（3）当回复电子邮件或者会议通知时，开头第一句最好写出自己的观点或结论，这种表达方式不仅醒目，而且简明扼要。

（4）当学生提到一个网址时，要给出它的URL地址，以便别人可以访问。

（5）在网上讨论时切忌使用偏激或者粗俗的话语。

本节小结

交流才能碰撞出思想的火花。在远程学习过程中，学生可能会遇到多重困难，包括孤独感、缺乏信心、缺乏技巧等，通过与教师、同学的交流，这些困难可以在一定程度上得到缓解。

学习活动

1. 请在课程论坛向教师提问,以获得教师对问题的解答。
2. 在学习中心交流区,尝试与其他同学交往,并说说自己的感受。

* 学习笔记 *

_____

_____

_____

第四节　知识学习策略

远程学生需要掌握一些基本的知识学习策略,引导自己开始远程学习。远程学习也有一些基本的学习程序,如首先要明确学习目标,然后进行理解性学习,学习过程中需要经常进行效果检测,学习完成后需要不断复习,加深印象。

一、明确学习目标

犹豫不决,不知道学什么,不但浪费时间,还会使学生对学习产生反感。有些学生漫无目标地阅读,最后才发现自己该读的阅读资料没读,该完成的作业没完成。宝贵的时间就在这种没有成效的活动中流逝了。

在学习前,如果学生先确定自己的学习目标,那么就能够对学习进度心中有数。但是,确定学习目标要做到实事求是,切忌急进,完成预定的学习目标会给学生带来成就感,反之可能会给学生带来挫败感。比如，本课程的每一章开头都列出了这一章的学习目标，学生就可以根据每一章的学习目标，确定自己每次的学习目标。

思考

同学们是否也存在学习时目标不明确、犹豫不决的情况呢？通常是怎么解决这个问题呢？

特别提示

所谓"磨刀不误砍柴工"，开始学习之前，花费一点点的时间先确定一个学习目标，有助于有的放矢地学习，在保障学习进度的同时，能够提高学习效果和质量。

二、理解性学习

远程教育的学习者主要是在职人员，远程教育以培养应用型人才为目标，因此，在远程教育中，更强调对学生分析问题、解决问题的能力的培养。因此，远程教育更强调理解性学习，即基于对内容理解的学习。

在远程学习平台的网络课程中，为学生提供了在线学习做笔记的小工具，不妨试用一下

虽然学生在学习过程中需要记忆一些理论、概念及资料，但这并不表示学生要死记硬背，因为强记并不是一种适当的学习方法。研究显示，把新信息、观点和概念与已有的知识联系起来，才是有意义的学习，也就是我们常说的建构式学习。若学生能主动征集和启动头脑中已有的知识，并努力让它们与新知识联系起来，便能取得更好的学习成效。例如，当学生尝试学习一个新概念时，不要急着去记住它、背熟它，而是应该先问一问自己对这个概念的认识有多少，在已经掌握的概念中是否有与它类似或有关的，这样才更有利于学生对新知识的理解。

在理解的过程中，要学会做笔记。阅读时，尝试把自己对知识的理解记录在页边的空白处，这样既能帮助记忆和理解，也方便日后复习。每个人都有自己做笔记的方式，如画线、在页边摘记要点等，学生可以按照自己习惯的方法做笔记。

 **扩展阅读**

建构主义的学习观

（1）学习不是由教师简单地把知识传递给学生，而是由学生自己建构知识的过程。学生不是简单被动地接收信息，而是主动地建构知识的意义，这种建构是无法由他人代替的。

（2）学习不是被动接收信息刺激，而是主动地建构意义，是根据自己的知识背景，对外部信息进行主动地选择、加工和处理，从而获得自己的意义。外部信息本身没有什么意义，意义是学习者通过新旧知识、经验反复的、双向的相互作用而建构的。因此，学习，不仅是"刺激—反应"。

（3）学习意义的获得，是每个学习者以自己原有的知识经验为基础，对新信息重新认识和编码，建构自己理解的过程。在这一过程中，学习者原有的知识经验因为新知识经验的进入而发生调整和改变。

（4）同化和顺应，是学习者认知结构发生变化的两种途径或方式。同化是认知结构的量变，而顺应则是认知结构的质变。同化—顺应—同化—顺应……循环往复，平衡—不平衡—平衡—不平衡……相互交替，人的认知水平的发展，就是这样的一个过程。

学习不是简单的信息积累，更重要的是新旧知识和经验的冲突，以及由此引发的认知结构重组。学习过程不是简单的信息输入、存储和提取，而是新旧知识经验之间的双向作用过程，也就是学习者与学习环境之间互动的过程。

 **典型案例**

如何做笔记——5R笔记法

5R笔记法，又叫做康奈尔笔记法，是用产生这种笔记法的康奈尔大学命名的。这一方法几乎适用于一切讲授或阅读课，特别适用于听课笔记。这种方法能够使记与学、思考与运用有效结合。5R笔记法具体包括以下几个步骤：

（1）记录（Record）。在点播网络课件或阅读课程教材过程中，在主栏（将笔记本的一页分为左大右小两部分，左侧为主栏，右侧为副栏）内尽量多记有意义的论据、概念等讲课内容。

（2）简化（Reduce）。每次听完课件后，尽可能及早将这些论据、概念简明扼要地概括（简化）在副栏，也称为回忆栏。

（3）背诵（Recite）。把主栏遮住，只用回忆栏中的摘记提示，尽量完满地叙述教师讲过的内容。

（4）思考（Reflect）。将自己的听课随感、意见、经验体会之类的内容，与讲课内容区分开，写在卡片或笔记本的某一单独部分，加上标题和索引，编制成提纲、摘要，分成类目，并随时归档。

（5）复习（Review）。每周花10分钟左右时间，快速复习笔记，主要是先看回忆栏，适当看主栏。

这种做笔记的方法具体如图5.6所示。初用时，可以先在一门课程中使用，逐渐熟悉后，再运用到其他课程中。

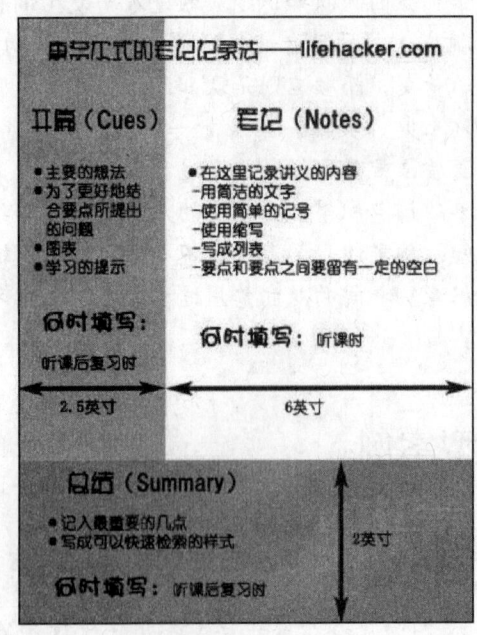

图5.6 康奈尔笔记法图示

三、检测学习效果

为了保障学生学习过程的质量，每门课程除了为学生提供网络课件等教师对教学内容的讲授外，还提供了多种形式的考核环节，以便检测学生的学习效果。比如，每个学期会有两次课程作业，学生可以通过作业完成情况发现自己的不足之处。另外，学生通过参与学习活动，检测自己对所学知识的掌握程度。当然，在网络课程中，还提供了章节练习，学生也可以通过做章节练习，检测对所学章节内容的掌握程度。

由于远程教育的教师与学生处于准永久性分离状态，因此，学生的学习需要自主性，学生的学习效果检测更需要自觉性，学生只有不断地对学习效果进行检测，才能发现自己的不足之处，促进自己对学习内容的掌握和理解。

四、有计划地复习

子曰："学而时习之，不亦说乎？"孔子告诉我们："学习了又经常温习，不是很愉快吗？"那么，为什么会很愉快呢？因为经常复习就能够牢牢记住已经学过的知识。在我们的实际生活中也是这样，我们学习一个新知识，刚刚学完的时候，能回忆起来的知识是最多的，随着时间的推移，我们能回忆起来的知识就会越来越少。我们要想牢牢记住已经学过的知识，就需要经常复习。当然，温习是有技巧的，对知识的复习要遵循人的记忆曲线。

记忆曲线（如图 5.7 所示）显示了这种时间愈久、记忆愈弱的记忆现象。

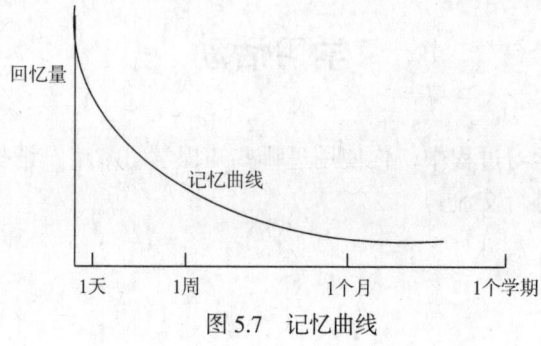

图 5.7 记忆曲线

只要学生肯经常复习，很容易获取原本学习过的知识。知识搁置愈久，学生便需要花费更大的精力去再次取得这些知识。记忆曲线显示，如果学生只在学期末复习，记起先前所学的知识需要花费的时间与先前学习的时间差不多。而到了学期末，考试已经迫近，复习的时间不多，要达到这个目标就更加困难了。所以，主动地、目标明确地、经常性地复习（相隔时间可以逐渐加长），是一个极为有效的学习方法。

研究显示，如果学生在学习后的第二天花10分钟复习，学生便可以记起学生学过的百分之百的知识。这10分钟的复习能加强记忆，还可将知识由短期记忆库转移至长期记忆库。然后，学生在一周之后再重温10分钟仍能记起原本所学的百分之百的知识。当学生进行了三次简短的复习，应该能记起接近百分之百先前所学的知识，直至考试也不会忘记。

无论如何，学习的要诀是订立明确的目标，采取积极而主动的态度。学习时，学生必须保持头脑灵活，并要集中精神，这样才能取得良好的效果。

本节小结

老子曰："授人以鱼，不如授人以渔"，说的是传授给人既有的知识不如传授学习知识的方法。道理其实很简单，鱼是目的，钓鱼是手段，一条鱼能解一时之饥，却不能解长久之困。如果想永远有鱼吃，就要学会钓鱼的方法。同样，学生参与远程学习，也不仅仅是为了掌握有限的知识，更重要的是要掌握利用网络进行终身学习的方法和策略。

学习活动

在远程学习过程中，你使用过哪些知识学习策略？请把它们写下来并与同学们进行交流。

方　法　篇

* 学习笔记 *

_____

_____
_____

第六章 远程学习技能

俗话说，工欲善其事，必先利其器。远程学习是自学为主、助学为辅的学习过程，因此，远程学习者除了要掌握基本的远程学习方法外，还需掌握一些必备的学习技能，这样才能提高远程学习的效率，取得好的学习效果。

一、内容框架

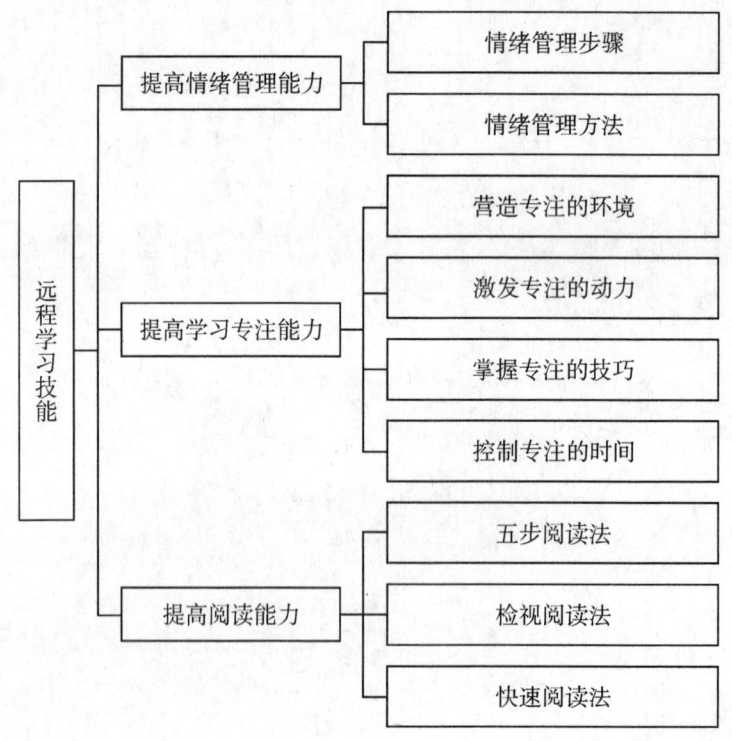

二、学习目标

通过本章学习，拟达到的学习目标包括：
◇ 了解情绪管理的步骤，掌握情绪管理的方法
◇ 掌握提高学习专注能力的方法
◇ 掌握阅读技巧，提高阅读能力

第一节 提高情绪管理能力

学习情绪并不总是高涨的，学生可能会对某一课程缺乏兴趣，也可能受某件事情困扰而心绪不安，或者因为睡眠不佳而烦躁，这些情绪都会带来对学习的影响。管理好自己的情绪，能够提高自己的学习效率和学习效果。

情绪管理，简单地说，就是通过对自身情绪的认识、协调、引导和控制，使自身保持良好的情绪状态，产生良好的管理效果。

一、情绪管理步骤

对个人的情绪进行管理，通常分为如下几个步骤：

1. 认识自己的情绪

要管理情绪，首当其冲的是认识自己的情绪。正如中国古话所说"知己知彼，百战不殆"。所以，情绪管理的第一步，就是要能觉察自己当前情绪的状况，是愤怒、是焦虑、是忧伤、是委屈还是失落等。

2. 接纳正常的情绪

主题讨论

情绪对学习效率的影响

人的情绪并不是时刻处于阳光状态。正常的情绪是指所表现出的情绪与所遇到的事件呈现出一致性。如果失恋了，伤心是正常的情绪；如果遇到抢劫，恐惧是正常的情绪；而如果被误会了，愤怒即是正常的情绪。所以，当人的情绪是正常情绪时，就需要勇敢地接纳它。一旦接纳了正常的情绪，那么情绪的张力会慢慢下降，内心平静的恢复则能较快实现。很多时候，人的痛苦并不是来源于情绪本身，而是来源于对情绪的抵触。

3. 调整自己的情绪

调整情绪是指利用一些情绪管理办法对自己的情绪进行调整，使自己的情绪尽快恢复平静。情绪调整的方法很多，如心理暗示法、注意力转移法、适度宣泄法、自我安慰法等。

对远程学习者来说，平静的心情是最适合学习的。众所周知，坏情绪会影响和分散学习的注意力，其实，好的情绪同样也会分散自己的学习注意力。因此，不论是好情绪还是坏情绪都需要及时调整，以安静下来进入学习状态。

二、情绪管理的方法

管理情绪有很多方法，这里介绍四种常见的情绪管理办法。

1. 心理暗示法

心理暗示法是指自己通过语言、形象、想象等方式，对自身施加影响的心理过程。自我心理暗示分消极自我暗示与积极自我暗示两种。积极自我暗示通过对自己的意志、心理以致生理状态产生影响，使人们保持良好的心情、乐观的情绪，并能发挥主观能动性。而消极的自我暗示会强化人们个性中的弱点，唤醒潜藏在心灵深处的自卑、怯懦、嫉妒等，从而产生消极的情绪。

当人们遇到情绪问题时，可以充分利用语言的作用，用内部语言或书面语言对自身进行暗示，缓解不良情绪，保持心理平衡。比如，默想或用笔在纸上写出下列词语："冷静"、"三思而后行"、"制怒"、"镇定"等。实践证明，这种暗示对人的不良情绪和行为有奇妙的影响和调控作用，既可以放松过分紧张的情绪，又可以用来激励自己。

2. 注意力转移法

注意力转移法，就是把注意力从引起不良情绪反应的刺激情境转移到其他事物上的自我调节方法。当出现情绪不佳的情况时，要将注意力转移到使自己感兴趣或平静下来的事情上去。比如，外出散步、看电影、看电视、读书、打球、下棋和找朋友聊天等，都有助于自己平静下来。这种方法，一方面，中止了不良刺激源的作用，防止不良情绪的泛化、蔓延；另一方面，通过参与新的活动，特别是自己感兴趣的活动而达到增进积极的情绪体验的目的。

3. 适度宣泄法

过分压抑只会使情绪困扰加重，而适度宣泄则可以将不良情绪释放出来，从而使紧张情绪得以缓解。因此，遇有不良情绪时，最简单的办法就是宣泄。宣泄的方式有很多，如对假想敌用过激的言辞抨击和抱怨；或是尽情地向亲友倾诉自己认为的不平和委屈等，一旦发泄完毕，心情也就随之平静下来；或是通过体育运动、进行家务劳动等方式来尽情发泄；或是到空旷的原野或郊外，大声呼叫，发泄胸中的怨气。必须

主题讨论

除了这里列举的几种方法，你觉得还有哪些情绪管理方法？

指出，在采取宣泄法调节自己的不良情绪时，必须增强自制力，不要在公共场所或家庭中随便发泄不满或者不愉快的情绪，要选择适当的场合和对象，以免引起意想不到的不良后果。

4. 自我安慰法

当一个人遇有不幸或挫折时，为了避免精神上的痛苦或不安，可以找出一种合乎内心需要的理由来说明或辩解。比如，为自己的失败找一个适当的理由，以此冲淡内心的不安与痛苦。当人们遇到情绪问题时，经常用"胜败乃兵家常事"、"塞翁失马，焉知非福"、"坏事变好事"等说法来进行自我安慰，这可以摆脱烦恼、缓解矛盾冲突、消除焦虑、抑郁和失望，达到自我激励、总结经验、吸取教训的目的。这种方法有助于保持情绪的安宁和稳定。

本节小结

学习者能够掌控自己的情绪，就能够尽快地进入学习状态并掌控自己的学习过程。作为远程学习者，需要了解情绪管理的步骤，掌握情绪管理的方法，并在日常学习中运用这些方法掌控自己的情绪。

学习活动

在情绪烦闷时，你是如何排解这些烦闷的？除了书上所提到的情绪管理办法，你还有其他的情绪管理办法吗？

学习心得

_____
_____
_____

第二节　提高学习专注能力

远程教育以学生的自主学习为主，强调学生学习的独立性和自主性，提倡协作性。在远程学习中，学习者除了能够享受到高度自主的学习乐趣外，也容易受到各种内外部环境因素的干扰。因此，提高学习专注能力，将有助于学生排除这些干扰，专注地学习。

所谓专注能力，是指一个人的注意力高度集中于某一事物或活动的能力。人的专注能力会有个体差异，但都可以用一些方法来提高自己的专注能力。

一、营造专注的环境

环境干扰是学习者经常遇到的问题。嘈杂的环境或者周围存在着其他感兴趣的人或事物时，学习很容易分心。因此，学习者要营造一个能够专注学习的环境。

熟悉、安静和舒适的学习环境能使学生更容易平静下来，并且集中精神进行学习。有的人喜欢在书房里学习，有的人喜欢在教室或图书馆学习，因为这些地方有较强的学习氛围；也有的人喜欢在花园里学习，因为户外空气清新，能让人放松，心情愉悦。学习环境的选择视乎个人爱好、抗干扰能力，以及现实条件而定。

对学习者来说，选择一个适合自己的、安静的学习环境，能够提高自己学习的专注力，从而能使自己快速进入学习情境中。如果我们能够做到在较短的时间内没有杂念，进入主题，是最有利于开始学习的状态。如果在一分钟内就能进入主题，就更了不起。

二、激发专注的动力

学习者的专注学习需要内在动力的激发。内在动力可来自三个方面：一是培养学习的兴趣，二是建立学习的激励机制，三是制订明确的学习目标。

1. 培养学习兴趣

学习兴趣需要培养，如果学习者对学习内容感兴趣，就会主动、自觉地学习，而且，在学习时也更容易集中精力，全神贯注地学习，因此，学习兴趣是学生专注学习的重要动力之一。

学习者可以尝试从以下几个方面培养自己的学习兴趣。一是产生积极的期望。积极期望就是从改善学习者自身的心理状态入手，如鼓励对自己不喜欢的学科充满信心，相信该学科是非常有趣的。想象中的"兴趣"会推动学习者认真学习该学科，从而产生对此学科的真正兴趣。二是从实现小目标开始。先设立小的学习目标，以使自己容易取得学习成果，不断的成功，就能促成大目标的实现。三是培养自我成功感，让自己体会成功的喜悦，从而促使自己对学习更有兴趣。在学习过程中每取得一个小的成功，就进行自我奖赏，达到一定目标，就给自己一定的奖励。四是养成提问的习惯。当为回答或解答一个问题而去读书时，学习就带有目的性，就会更有兴趣。

学习任务完成后，适当地奖励一下自己很有必要哦！

2. 实行学习奖励

适当的学习奖励制度能够激发学生的学习动力，提高学生学习的专注力。学习者在制订学习计划时，同时可以确定自己完成学习计划后的奖励。比如，完成一个章节的学习后，可以看看电视，或者做完作业可以上网玩玩游戏或跟朋友聊聊天等。当然，要把握好奖励的内容和限度。

3. 明确学习目标

犹豫不决、不知道学什么，也不知应该要学到什么程度，不但浪费时间，而且会造成对学习的反感。因此，在每一次学习开始时，最好先订好当天需要完成的任务和希望达到的目标，目标越明确越好。如本次学习的目标是要学完某一章节的内容，并完成课后的练习等。

三、掌握专注的技巧

要提升自己的专注力，做到专注学习，需要掌握一些基本的专注技巧。

学会在干扰环境中训练排除干扰能力！

1. 排除外界干扰

学生要学会并训练排除外界干扰的能力。毛泽东在年轻时为了训练自己的专注力，曾经经常到车水马龙的地方读书。为什么？就是为了训练自己的抗干扰能力。

2. 排除内心的干扰

内心干扰的排除有时比外界干扰的排除更难。有时坐在书桌旁，环境很安静，但是，自己内心可能有一种躁动，有一些干扰自己的情绪活动，有一种与学习不相关的兴奋。对于各种各样的情绪干扰，学生们要善于将它们放下或予以排除。这时候，学生可以尝试坐端正，将身体放松下来，使面部表情放松，从而将内心的各种情绪干扰连同身体一起放松下来。

3. 清除大脑杂念

当人们将脑海中的所有杂念都去除时就很容易进入主题，大脑也会被充分调动起来，这时，才会有较强的观察力、记忆力、想象力和逻辑推理能力。如果不是这样，人坐在那里，脑海里不是风马牛不相及的杂念，就是天南海北的想法，这样时间就会被白白浪费掉。

4. 不在难点上停留

学习者如果学习容易理解、感兴趣的知识时，容易集中注意力，而当学习较难理解的知识时，则容易分散注意力。为此，在学习过程中，不要在难点上停留太多时间。比如，阅读教材时，对某个知识点不太理解，做了努力还不太理解，没关系，可暂时放下不理解的地方，接着往下阅读。千万不要被前几页的难点挡住，从而对整本书望而却步。实际上，在往后阅读的过程中可能会发现，对后面部分内容的学习可能会帮助对前面不理解问题的理解。

四、控制专注的时间

根据美国心理学家和效率研究专家莱利博士的研究，人能够集中精力的时间限度为25分钟，超过25分钟，就会分散精力。因此，学习者要用好专注的时间，将每段学习时间控制在25分钟内，以确保学习者在学习时段内保持最强的专注能力，从而达到最好的学习效果。

其实，学习者没有必要强迫自己持续学习。当专注能力减弱时，学习效果会明显减弱，因此，在专注能力减弱时可以让自己休息一会儿。休息过后，专注力得到恢复，学习者又可以专注地学习了。

人能够集中精力的时间限度只有25分钟哦！

本节小结

西汉·刘向《战国策·秦策一》中说道:"(苏秦)读书欲睡,引锥自刺其股,血流至足。"东汉·班固《汉书》也有:"孙敬字文宝,好学,晨夕不休。及至眠睡疲寝,以绳系头,悬屋梁。"现在不需要采用"悬梁刺股"这种极端的方式来集中精力,但是不妨参考一下本节所提供的几种方法来提高学习专注能力。

学习活动

1. 结合自己的学习体验,探讨在日常学习中提高专注能力的方法。
2. 结合自己的实际情况,说说哪些措施可以激发自己专注学习?

学习笔记

_____

_____

_____

第三节 提高阅读能力

远程教育时空分离的特点,决定了学习者需要自主阅读大量的学习材料,这些材料包括:课程配套教材、文本型学习资料、教师提供的阅读材料等。阅读的效率取决于阅读的速度和对阅读材料的理解程度,而阅读的目的就是要明白和理解所阅读的材料。如果学生虽然能迅速阅读一篇程度较深或概念复杂的文章,但阅读完后却不十分明白文章内容的主旨，那么这种阅读其实是没有效率的；又如花费很长时间阅读一本书，到最后才发现只有很少的内容是自己想读的，那么，这个阅读也是没有效率的。

本节将介绍一些提高阅读技巧的方法。学习者掌握这些方法，并灵活运用，应该能够提高阅读的效率和效果。

一、五步阅读法

五步阅读法，也称为 SQ3R 阅读法。SQ3R 是英语 Survey, Question, Read, Recite, Review 五个词的第一个字母，分别代表概览、发问、阅读、复述、复习五个学习阶段。五步阅读法是由美国爱荷华大学的罗宾森提出的，极受推崇。SQ3R 读书方法，是学习和记忆理论在实践中的最佳应用，特别适合于精读教科书及经典著作。

1. 概览

在仔细阅读之前，应先概览阅读材料，以获得对阅读材料的总体印象。概览方法是：阅读题目、作者姓名、有关目的及目标的叙述；阅读引言、摘要或简介，以期了解内容重点及文章体系；概览标题、副标题、说明、图像、粗体词汇及注释，以了解章节概要；概览参考文献，看看所涉及的领域和研究基础。

概览完毕，学习者可了解本阅读材料的主题，明确自己的阅读目的和阅读内容，从而能根据内容选择合适的阅读方法。

2. 发问

在正式开始阅读前，学习者需要对阅读内容提出明确而简洁的问题，并将问题写在相关内容标题旁边。这个步骤能够帮助学习者在阅读的时候集中于章节的关键部分。具体方法是阅读材料中各章节的标题以及章节承上启下的内容，一边粗读一边提问。这样可以激发学习兴趣，促进自己的钻研。

3. 阅读

阅读就是从头到尾细读，对重要、难解部分反复读。在阅读过程中，要做到眼到、口到、心到和手到，也就是边读、边思考、边圈点并边画杠杠。要尽可能将自己原有的知识和新知识结合起来，写眉批，写心得，做读书笔记，以保存"知识印象"。

学生在阅读时，可以采取批注式阅读法，即一边阅读，一边在旁边做批注。批注通常分为以下几类：

（1）感想式批注。如果一个人用心去读文章，就一定会有或深或浅的感想。为了培养边读边想的习惯，可以在阅读时，随时写下自己的感想。

（2）质疑式批注。学贵有疑，不疑不能激思，不疑不能增趣。学生带着问题去读书，才会真正进入文本，与文本交互。质疑式批注的阅读方法，有利于培养学生的怀疑与探究精神。

（3）联想式批注。读书时，不仅要读懂文字的含义，还应从文章的内容联想开去，想到与之有关的人和事、景和物、情和理，这时将联想的内容批注下来，阅读也会有较大的收获。

（4）评价式批注。这里的评价包括两种，一种是对内容的评价，一种是对思想内涵的评价，但它们都会促进对阅读内容的理解。

4. 复述

复述即"回忆印象"，如俗话说的"过电影"。阅读完后，除了回答自己先前提出的问题外，最好能用自己的语言将所理解的内容重新组织并复述出来。阅读完整篇材料便需要复述有关的重点，但如果阅读材料太长或命题比较复杂，读完一些章节后就应该这样做。复述并没有特定的规则，有些学习者阅读完一部分内容后，便会通过复述重整记忆，以保持有效的阅读。阅读完整篇学习材料后，他们会再复述所读过的资料，看看是否有一个整体的印象。这些都是加强理解的有效方法。

5. 复习

在复述的基础上，根据问题解答满意程度和记忆程度，进行全面而有重点的复习。复习应在学习后的一两天内进行，隔一段时间还要重复进行，以巩固学习和记忆效果。

二、检视阅读法

检视阅读法是一种通过快速阅读寻找重要资料的方法。例如，从目录页的标题或内容标题的数目序码了解书的内容结构，得到所含内容的初步概念，带着某个问题，在阅读材料中寻找答案等。

学生在完成课程作业时，如果要查找与某个作业题相关的知识点，就可以采取检视阅读法。即学生可以利用教材目录，结合自己的记忆，检视到相关的章节和段落。在检视过程中，只需要集中精力寻找与作业内容相关的内容，而无须理会其他部分的内容。

检视阅读有两点需要特别注意，一是要有准确的，明确的阅读目标，二是要集中精力，二者缺一不可。检视阅读法非常适合于快速查找某些重要资料。

三、快速阅读法

快速阅读的目的是概览整体的内容大意，但并不需要细阅详情。快速阅读的技巧要求打破逐字阅读的习惯。快速阅读一般要求一分钟内阅读 300 个文字。以下是评估自己中文阅读速度的方法。

$$\frac{该篇文章的字数 \times 60}{阅读完毕的时间（秒）} = 每分钟阅读的字数$$

快速阅读法通常用于阅读比较容易理解的学习材料。对于一些难以理解的学习材料，比如一个数学例证或一篇内容很深的文章，则不适合用快速阅读方法，因此，学习者为了充分理解复杂的材料，通常会降低阅读速度。

 扩展阅读

提高阅读速度的方法

1. 减少朗读

阅读时，不用朗读每个字。据研究，每个人在阅读时都会朗读，然而那些把每个字清晰地朗读出来的，就是阅读速度比较慢的读者。逐字阅读的读者通常一分钟只能读 100 个字，但是，有些阅读速度快的人一分钟可读高达 800 个字。阅读速度快的人都是甚少朗读的人，而且不注重读出每个字，反而将注意力集中在整句的语调与节奏上。

2. 串联词组

阅读一行字时，视线会停留在一些字或一组字上。视线停留的次数越少，阅读的速度便越快。

不必刻意阅读文章的每一个字，只要串联阅读若干词组便可。

3. 相信自己的能力

应该相信自己能够不用逐字阅读，也能明白文章的意思。如果相信自己的逻辑判断能力，以及对文字的语感和语言结构的理解能力，那么阅读时便可以省略一个片段，甚至是整个段落，而不会减低对内容的理解程度。

4. 限时阅读

应迫使自己提升阅读速度，驱使自己快速阅读到自己也感吃力的程度，但不致令理解能力降低。请每天用至少10分钟的时间来练习，这样阅读速度将会逐渐提高。因为每次阅读时，会迫使自己加快阅读速度，从而增加阅读效率，这叫做"余差效应"。

本节小结

有效率的学习者既能以较快的速度阅读，又能理解其中的内容。阅读速度和理解能力会因阅读技巧的不同而有偏差。同学们不应只依赖一种阅读技巧作为阅读的万灵药方，应该尝试适应并结合使用其他技巧。当然，应用阅读技巧时，必须以阅读的目的和阅读材料的要求作为依据。

学习活动

1. 利用五步阅读法，阅读自己所学习的某门课程的教材，并讨论该方法的优缺点。

2. 在完成作业的过程中，试用检视阅读法，快速查找与作业题目相关的教材内容。

学习笔记

技术篇

包括网络应用基本技能和移动学习技术。

第七章 网络应用基本技能

随着互联网技术的迅猛发展，越来越多的网络应用技术及应用软件出现，并应用在人们的日常工作、学习和生活中，它们为人与人之间的交流和沟通提供了更多方式，带来了更大便利。为了使远程学习者有效地利用网络应用技术，开展基于互联网的远程学习和实现积极的交互，本章根据远程学习的特点和需要向远程学习者介绍一些相关网络应用技能。

一、内容框架

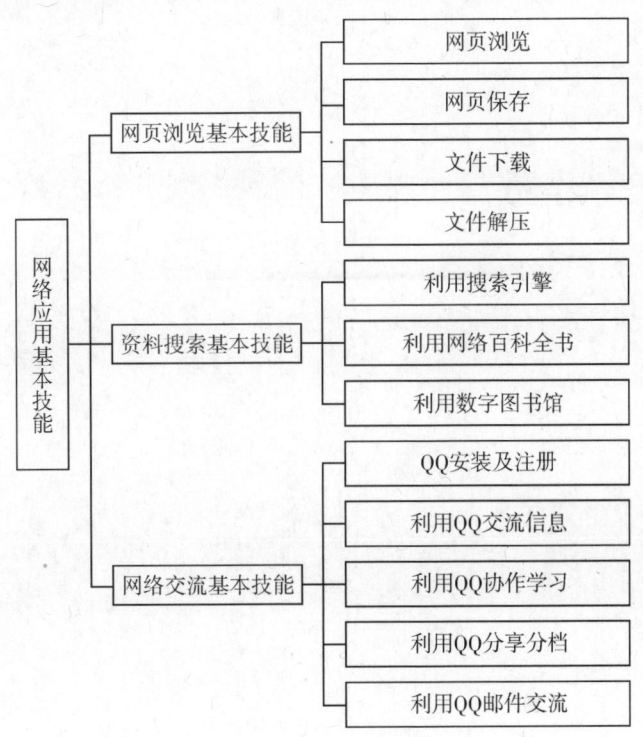

二、学习目标

通过本章学习，拟达到的学习目标有：
◇ 熟悉网页浏览的基本操作
◇ 掌握文件下载的基本方法
◇ 熟练掌握资料搜索的基本技能
◇ 掌握QQ的基本功能

第一节 网页浏览基本技能

在网络时代，上网查找信息、收集资料和下载文件是每个人必须掌握的基本技能。网页浏览是查找资料的基础，本节将介绍有关网页浏览、网页信息的保存和文件下载的一些基本操作。

一、网页的浏览

浏览器是用来浏览网页的软件工具，现在常用的浏览器类型较多样，如 Internet Explore、QQ 浏览器、360 浏览器、火狐浏览器、百度浏览器、Google 浏览器以及搜狗浏览器等，但是最常用和最稳定的浏览器应该是微软的 Internet Explore，通常又称 IE 浏览器。IE 浏览器在安装 Windows 操作系统时就已经安装好了，不需要另外安装。它的图标是一个蓝色的英文字母 e。下面介绍在 Windows XP 操作系统下如何用 IE 浏览器浏览网页。

1. 启动 IE 浏览器

如图 7.1 所示，单击 Windows 任务栏上的"开始"按钮，移动鼠标到"程序"→Internet Explore 上，然后单击图标，即可启动 IE 浏览器。也可以双击桌面上的 IE 图标 e 启动 IE 浏览器。

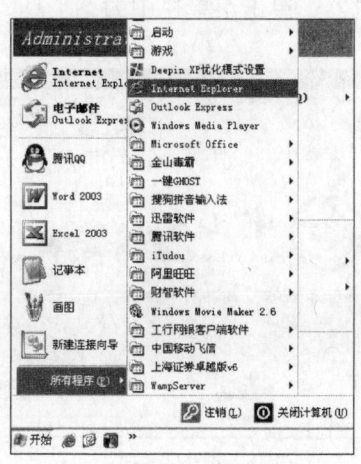

图 7.1 启动 IE

2. 浏览网页

启动 IE 浏览器后,即可进入 Internet Explore 界面。在 IE 浏览器的地址栏输入要浏览网站或网页的网址,按回车键,即可打开要浏览的网页。比如,在地址栏输入中山大学网络教育学院的网址 http://cems.sysu.org.cn,按回车键后就可以浏览中山大学网络教育学院的主页,如图 7.2 所示。

进入中山大学网络教育学院首页,浏览其中的内容

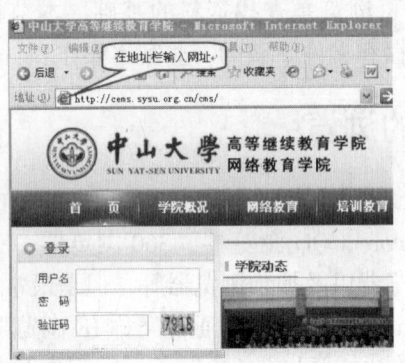

图 7.2　浏览网页

3. 设置 Internet 主页

IE 浏览器每次启动后自动开启的网页称为主页。首次使用 IE 浏览器时进入的是微软公司网站的首页,用户可以根据自己的需要,将自己最常用的网页设置为主页,这样每次打开 IE,都能直接开启自己想用的页面。其操作方法是:

(1) 启动 IE 浏览器,单击菜单栏中的"工具"→"Internet 选项",如图 7.3 所示。

图 7.3　选择"Internet 选项"

(2) 在弹出的"Internet 选项"对话框的"常规"选项卡的"主页"栏的地址框中输入主页的地址。如将中山大学网络教育学院的首页设置为主页，就输入 http://cems.sysu.org.cn，如图 7.4 所示，然后单击"应用"按钮就可以了。这样每次启动 IE 浏览器就会开启中山大学网络教育学院的首页。当然，也可选择对话框中的"使用当前页"、"使用默认值"、"使用空白页"来设置主页。

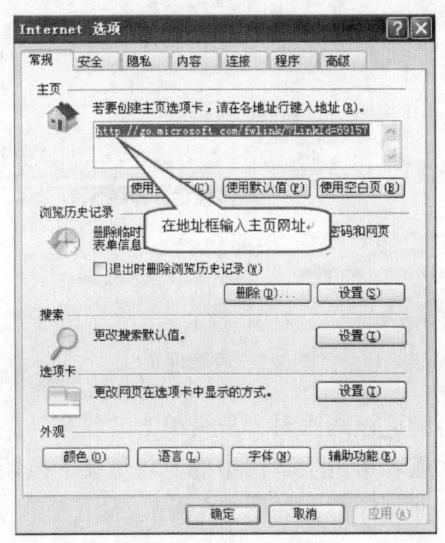

图 7.4　设置主页

二、网页的保存

浏览网页时，如果遇到以后还想阅读的网页或需要的图片时可以将这些需要的网页信息保存下来，下面介绍几种常用的网页保存方法。

1. 利用收藏夹保存网页

遇到想再浏览的网页时，只要将网页地址"收藏"下来就可以了，操作方法是：

单击菜单栏的"收藏"，选择"收藏"菜单中的"添加到收藏夹"，就会出现"添加到收藏夹"对话框。在"名称"框中输入收藏网页的名称，在"创建到"框中选择收藏的文件夹，用户还可以选择"新建文件夹"创建一个新文件夹来存放收藏的网址，然后点击"确定"即可。图

7.5 为收藏的中山大学高等继续教育学院的首页。

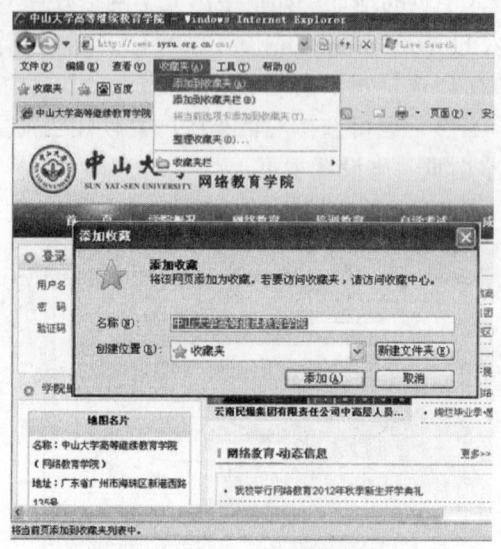

图 7.5　收藏网页

当下次还想再浏览该网页时，只需单击"收藏"菜单，点击收藏夹中保存的该网页，或者单击工具栏中的"收藏夹"按钮，在左边的"收藏夹"框中选择该网页即可，如图 7.6 所示。

打开中山大学网络教育学院网页，并保存在收藏夹

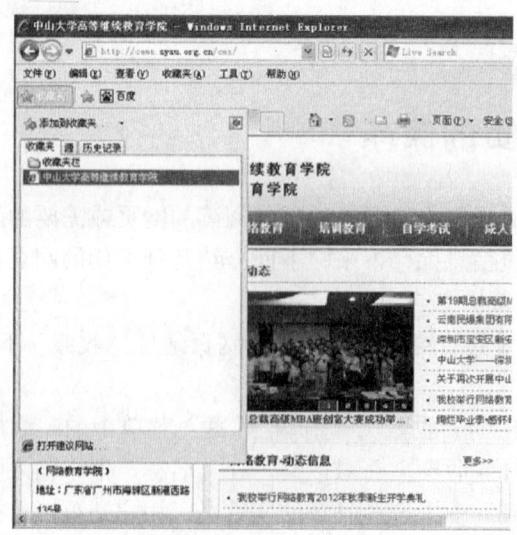

图 7.6　查找收藏的网页

2. 将网页保存为文件

如果发现某个网页很有用，还可以通过文件形式保存，其具体操作是：点击"文件"菜单，在弹出的下拉菜单中，点击"另存为"（如图7.7所示），然后弹出"保存网页"对话框。

图 7.7　网页文件保存

在"保存网页"对话框中，在"文件名"栏输入自己容易记忆的文件名（如中山大学高等继续教育），在"保存类型"中，点击该框右边的向下箭头，选取"Web 档案，单一文件（*.htm）"，就可以用单一的文件保存网页了（如图7.8所示）。以后即使相应网页在网络上不存在了，打开该保存文件，仍然能够看到其中的内容。

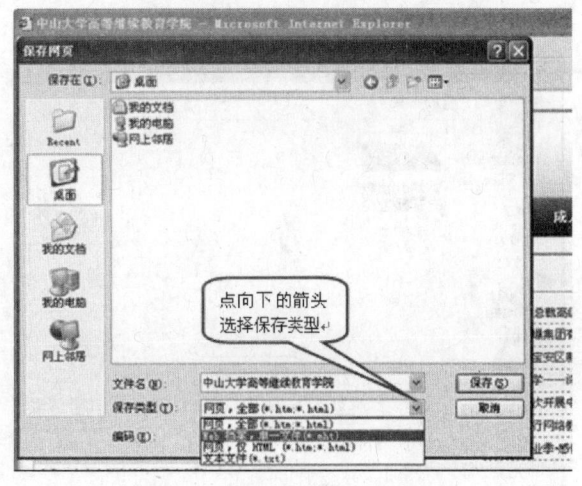

图 7.8　"保存网页"对话框

3. 保存网页上的图片

当在网页中看到需要保存的图片时，可以将它们保存下来以便使用，操作方法是：

（1）把光标移动到想保存的图片上，单击右键，在弹出的快捷菜单中选择"图片另存为"，如图 7.9 所示。

图 7.9　选择"图片另存为"

（2）选择"图片另存为"后，将出现"保存图片"对话框（如图 7.10 所示），选择保存图片的位置，对图片进行命名，单击"保存"按钮就可以了。

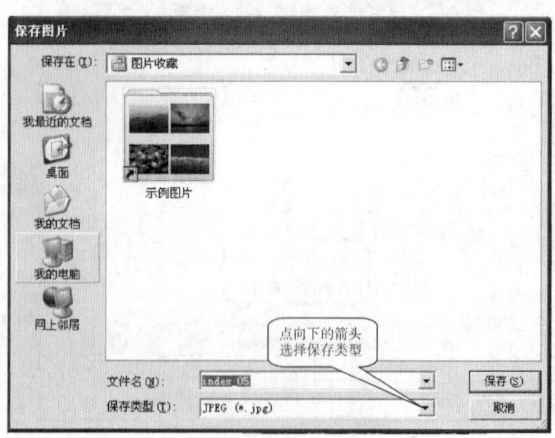

图 7.10　"保存图片"对话框

三、文件下载

在网上学习或浏览网页过程中,经常要把一些有用的文档资料通过网络从远程服务器传送到本地计算机中,这里称之为文件下载。文件下载有多种方式,一种是直接保存下载法,一种是专用工具下载法。

1. 直接下载法

直接下载法,顾名思义,就是直接将要下载的文件保存到本地计算机上。直接下载法下载速度相对较慢,适合下载较小的文档,且当下载过程中断后,第二次下载必须再重新开始,因此如果文档较大(如超过100 MB),则建议用专用工具下载。

采用直接下载法,首先需要找到要下载的文档,如图中的《中山大学现代远程教育学生课程免修(考)申请表》。找到文件后,单击标题,出现"文件下载"对话框(如图 7.11 所示),单击"保存"按钮,就会弹出"另存为"对话框。

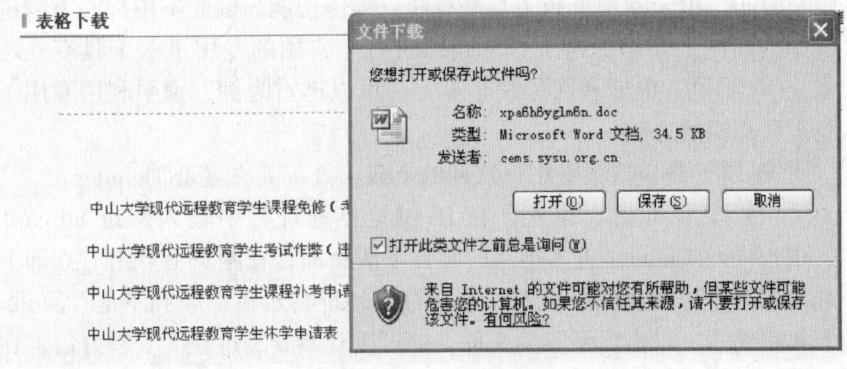

图 7.11 文件下载弹出窗口

在"另存为"对话框中的"文件名"栏输入文件名(如免修申请表),在"保存在"栏选择保存位置,然后点击"保存"按钮,就能将文件下载到指定的位置(如图 7.12 所示)。

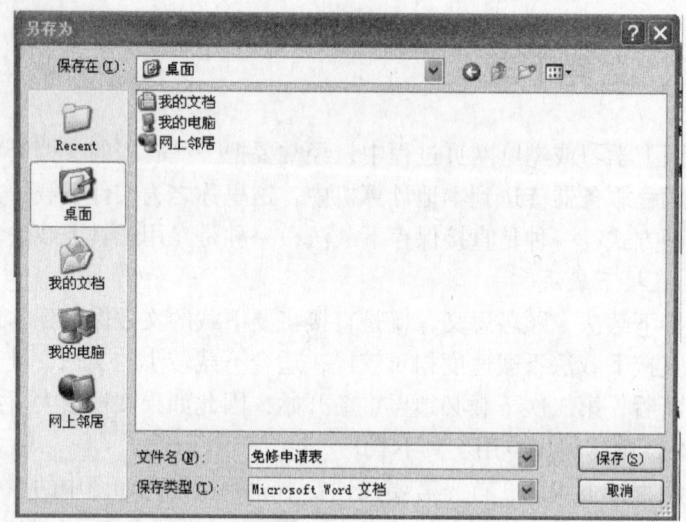

图 7.12 "另存为"对话框

2. 专用工具下载法

下载并安装最新的迅雷软件

专用工具下载法适用于下载较大的文件。较大文件的下载往往需要较长时间，由于专用下载工具都有断点续传功能，因此不用担心下载过程中的断网，能够保持下载的持续进行。常用的专用下载工具有：迅雷、QQ 旋风、电驴和网际快车等。这里以迅雷为例，说明利用专用工具下载文档的方法。

"迅雷"是一款很受用户欢迎的下载工具，英文名是 Thunder。

（1）安装迅雷。首先，在 IE 浏览器地址栏中输入网址 http://dl.xunlei.com/xl7.html，进入迅雷的官方下载页面，在网页上点击"立即下载"按钮，采取直接下载法，选择存放地址将迅雷下载到本地计算机。下载完成后，双击迅雷安装文件，即可以开始安装过程。安装好后，在要下载的文件上点击鼠标右键后出现的菜单中就会出现"使用迅雷下载"链接。

（2）使用迅雷下载文件。下面以下载一个文件为例，介绍使用迅雷下载的操作方法：

① 打开 http://cems.sysu.org.cn/cms/jxap/5807.htm 网页，在网页上提供的下载文件上单击右键，选择"使用迅雷下载"选项，如图 7.13 所示。

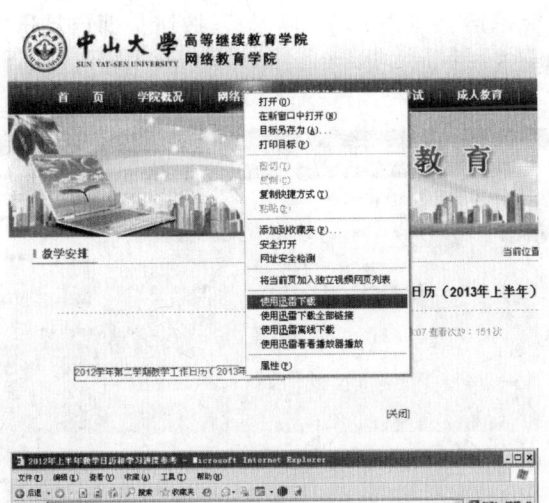

图 7.13　选择"使用迅雷下载"

② 这时会弹出迅雷的下载对话框（如图 7.14 所示），单击文件名处可为文件重命名，单击按钮可选择保存目录。

图 7.14　设定文件名和保存目录

③ 设置完毕后，点击"立即下载"按钮，即启动迅雷开始下载文件，如图 7.15 所示。

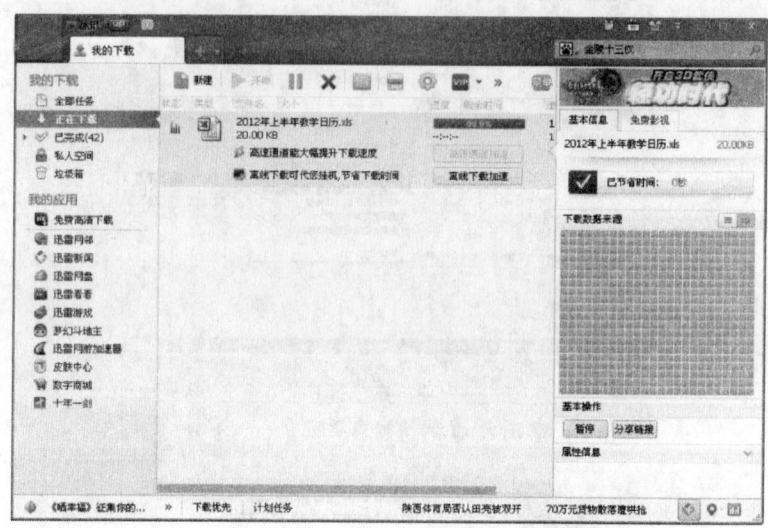

图 7.15　下载进行过程

④ 迅雷启动后，屏幕上会出现一个悬浮窗，如图 7.16 所示，这里可以清楚地看到下载速度。如果在悬浮窗上单击右键，会出现快捷菜单，用户可以控制下载任务，如开始和暂停等。

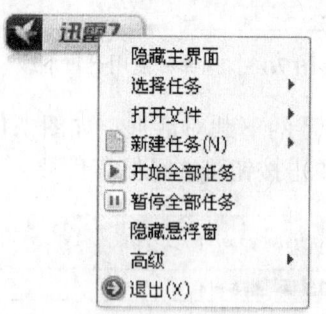

图 7.16　迅雷的悬浮窗及菜单

⑤ 除了控制下载任务的开始与暂停，也可以删除正在下载的任务。在下载窗口中单击"删除"按钮便可以删除下载任务，如图 7.17 所示。

技 术 篇

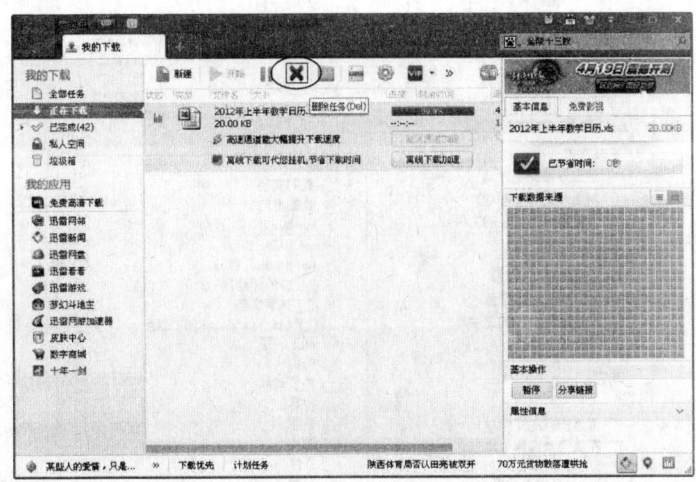

图 7.17　删除下载任务

四、文件解压

有时会发现下载后的文件并不能直接打开，它是以压缩的形式存在的，这时，就需要对压缩包进行解压缩处理。下面介绍常用的.rar 文件解压。

（1）双击压缩文件，呈现出压缩包所含文件的列表，选择需要解压的文件，单击工具栏中的"解压到"按钮，如图 7.18 所示。

图 7.18　点击"解压到"按钮

（2）在弹出的对话框中，选择"常规"选项，在"目标路径"框中选择需要保存的位置，单击"确定"按钮即可，如图 7.19 所示。

151

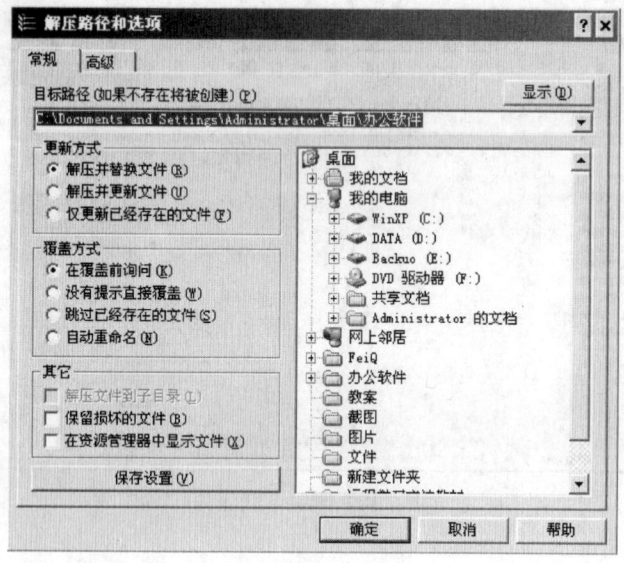

图 7.19 选择保存路径

本节小结

本节以 IE 浏览器为例介绍了网页浏览和网页信息保存的基本操作。在介绍文件下载时，介绍直接下载和用迅雷下载文件的方法。这些都是网络时代远程学习者获取信息的必备技能。

学习活动

开启中山大学首页（http://www.sysu.edu.cn/），并进行如下操作：
1. 将中山大学首页保存到收藏夹下，名称为"中山大学"。
2. 将中山大学首页（http://www.sysu.edu.cn/）保存到本地计算机上，保存类型为"Web 档案，单一文件"，文件名为：中山大学新网页。
3. 将中山大学首页的一张图片，保存在本地计算机上。

学习心得

_____

_____

_____

第二节 资料搜索基本技能

信息技术的高速发展使得互联网变成了知识的海洋。利用互联网获取知识，已经成为人们日常工作和生活中的重要组成部分。在知识的海洋中，如何快速、有效地找到所需要的知识、获取知识，是必备的技能，也是基本技能。这里仅介绍一些基本的信息搜索技术，以引导远程学习者利用互联网获取知识，促进学习。

一、利用搜索引擎

搜索引擎是根据一定的搜索策略，为用户提供信息检索服务，并将为用户检索出的相关信息展示给用户的系统。目前网上有大量的搜索引擎可供选择，其中"百度"和"谷歌"是大家使用较多的搜索引擎，百度（www.baidu.com）主要提供基于"关键字"的检索，谷歌（http://www.google.com.hk）不仅支持基于"关键字"的网页搜索方式，同时也有分类目录式搜索。

要在浩瀚的信息海洋中快速而准确地找到需要的信息，需要一些搜索技巧。在大多数情况下，人们使用关键词搜索，因此搜索技巧之一就是合理地选取关键词。关键词是用户输入到搜索框中的词语，也就是用户命令搜索引擎要寻找内容的关键字。下面以百度搜索引擎搜索"中山大学网络教育学院"为例介绍搜索引擎的使用方法。

（1）启动百度搜索主页。首先启动 IE 浏览器，在地址栏中输入百度搜索引擎的网址 http://www.baidu.com，然后按回车键开启百度搜索引擎的主页。

（2）进行简单搜索。如搜索中山大学高等继续教育学院主页，可以在搜索框中输入"中山大学高等继续教育学院"，然后单击"百度一下"按钮或者按回车键（如图7.20所示）即可。

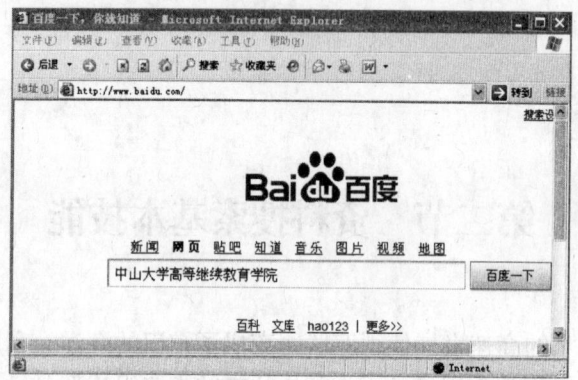

图7.20　在搜索框中输入关键词

然后，在搜索页面中就会列出有关"中山大学高等继续教育学院"的搜索结果，如图7.21所示。搜索结果列表中，一般排列越靠前的信息与搜索目标的相关性越大。但由于广告等因素的影响，用户需要进行简单的选择以找到最符合自己需要的信息。

在百度搜索主页搜索"中山大学高等继续教育学院"并打开学院网页

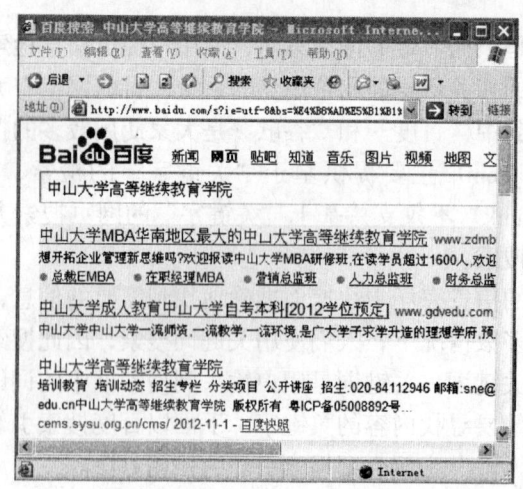

图7.21　搜索结果列表

已搜索到的链接如果无法打开，大多是因为该网页已被删除或网页所在的网站连接不上。在百度搜索列表下，每个搜索结果后都有"百度快照"超链接。如果不能直接打开网页，可以点击"百度快照"来查看网页。利用"百度快照"，不仅下载速度快，而且搜索项均用不同颜色标明，另外，还有标题信息说明存档时间和日期，提醒用户这只是存档资料。"百度快照"不仅可以让用户看到一些不存在网页上的内容，而且对可以打开的网页，使用"百度快照"都有一个与关键词相关的页内链接，直接指向该网页中用户所关心的重要内容。

 扩展阅读

网络搜索技巧

1. 定向搜索

定向搜索有以下三种：

（1）指定网站类型进行搜索。这种定向搜索的目的是限制网站类型，缩小搜索的范围。例如，搜索网友的百度空间，命令是"site:hi.baidu.com"；搜索政府网站中有关求职的信息，命令是"求职 site:gov.cn"。

（2）指定文件类型进行搜索。在互联网上除了 HTML 文件，还有其他各种格式的文件存在。因此，定向搜索特定文件类型，将让搜索变得更准确。例如，想搜索求职简历，可以输入"求职 filetype:doc"，这样所有搜索结果中都含有相关的 Word 文档。

（3）指定主题类别进行搜索。它搜索的是网页标题，可以把同一主题的网页都找出来。例如，搜索标题为网站策划的网页，命令为"intitle:网站策划"；搜索公司的百度空间，命令为"intitle:公司 site:hi.baidu.com"。

2. 排除搜索

定向搜索可以缩小搜索范围，但不能排除一些不想要的搜索结果，此时需要用到字词加一个减号，表示不希望搜索结果中出现包含该字词的网页。例如，想查询《远程学习方法与技术》一书，如果用书名做关键词，排在最前面的主要是网络课程以及一些说明网页的链接，想找到这本书的直接信息很难，而以"远程学习方法与技术书-电视剧-游戏"进行搜索，出现的结果都是与书直接相关的信息。

3. 特定搜索

如果平时用得较多的搜索引擎是谷歌，有一个不错的技巧值得收藏，即特定搜索。用"define:"来查特定的信息很方便，如搜索"define:宅男"，第一项搜索结果就可以看到其定义，不用进入网站也知道了结果。

二、利用网络百科全书

1. 网络百科全书简介

网络百科全书以知识全面和内容丰富为广大学习者所青睐。网络百科全书是一种基于 WIKI 技术的网络资源。WIKI 是一种网上共同协作的超文本系统，可由多人共同对网站内容进行维护和更新，是典型的 UGC（用户原创内容）运作的系统。其中，WIKI 利用 UGC 概念，使网站的内容制作和编辑成本最小化，但是同时能够实现领域知识的积累和最大化。目前，中文类的百科全书主要有互动百科、百度百科以及维基百科等。

2. 利用网络百科全书获取资料

进入百度百科首页，了解百度百科网页的内容布局

这里以百度百科为例学习获取学习资料的基本方法。比如，要了解"远程教育"的含义，如果在百度中采取关键字搜索，将会获得很繁杂的信息，却难以找到真正解释远程教育含义的网页，而利用百度百科就容易多了。操作方法是：进入百度百科首页（http://baike.baidu.com），在该页面的搜索框输入关键词"远程教育"（如图 7.22 所示），然后点击"进入词条"按钮，即可看到"远程教育"词条内容，在这里，大家就能对远程教育做一个比较全面的了解（如图 7.23 所示）。

图 7.22　在百度百科搜索栏输入搜索关键词

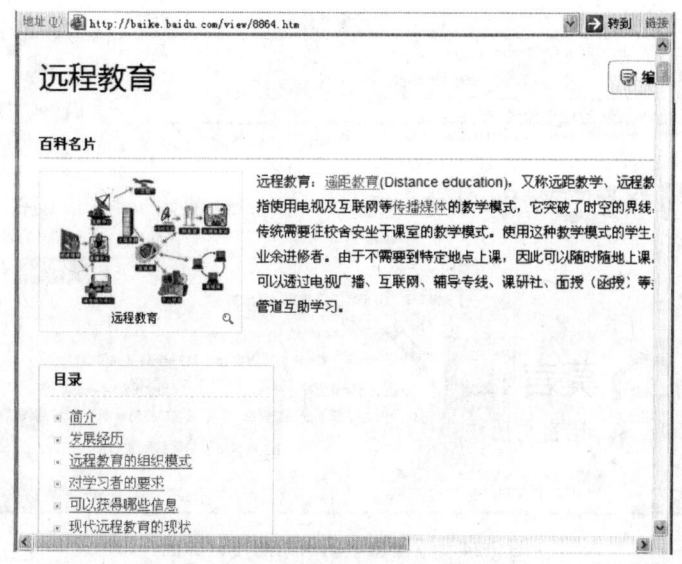

图 7.23 远程教育词条界面

进入百度百科搜索还有另外一个操作方法，即在百度搜索首页（http://www.baidu.com）的搜索框中输入"远程教育"，点击搜索框下面的"百科"链接也能进入远程教育词条。

各搜索引擎后台的数据库是不同的，如果用一个搜索引擎没有搜索到所要的信息，可以换另一个搜索引擎再次搜索。

三、利用数字图书馆

常见的数字图书馆有超星数字图书馆、中国国家数字图书馆等。从互联网上获取数字图书馆中的资源也需要掌握一定的方法和技巧。这里以超星数字电子图书馆为例，介绍电子图书获取和阅读的方法。

1. 图书检索

登录超星数字图书馆网站 http://www.chaoxing.com/，页面将提供视频和图书两大类资料的检索。比如，搜索书名中含"天文"两字的图书，在搜索框左边的下拉菜单中选择"图书"，在搜索框下面的搜索类别中选择书名，然后在搜索框中输入"天文"两字，完成搜索条件的设定（如图 7.24 所示）。点击"搜索"按钮就可以获得搜索结果（如图 7.25 所示）。

进入超星数字图书馆查找并阅读与"博客"相关的图书

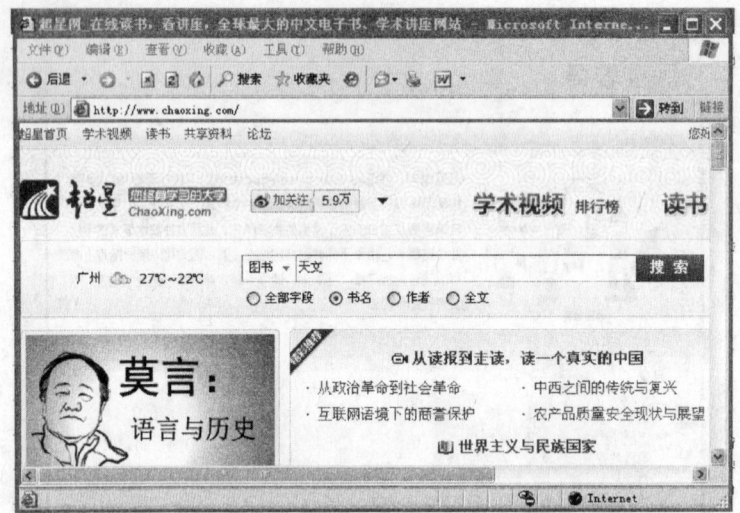

图 7.24　超星数字图书馆的搜索界面

图 7.25　用"天文"作关键词在超星数字图书馆的搜索结果

从搜索结果中选择最符合自己需要的图书，如《通俗天文学》，然后点击"网页阅读"按钮，就可以阅读该图书了（如图 7.26 所示）。建议先阅读该书左边的目录，然后再决定是否通读。

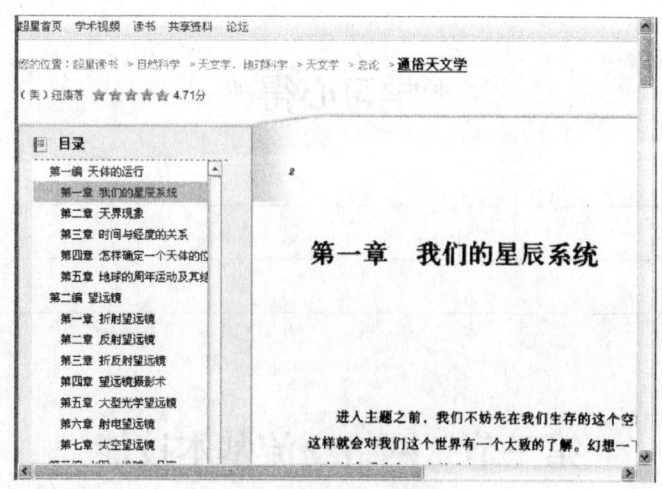

图 7.26 电子图书阅读界面

当然,如果想在阅读过程中保存一些图书中的资料,那就需要安装专门的超星阅读器了,该软件在超星数字图书馆首页的下方有下载链接。另外,如果要下载图书,就需要先在该网站注册,而且有些图书下载是需要收费的,当然,这个费用和传统的购书费用相比很低廉。

本节小结

本节介绍了学习资料搜索和获取的主要方法。以百度搜索引擎为例介绍了搜索引擎的使用方法和技巧,以百度百科为例介绍了网络百科全书的使用方法,以超星数字图书馆为例介绍了电子图书馆的使用方法。这些都是网络时代远程学习者学习资料搜索和获取的常用方法和技能。

学习活动

1. 分别利用百度搜索(http://www.baidu.com)和百度百科搜索"开放大学",比较搜索结果的差异,总结两种搜索方式的特点。

2. 注册超星数字图书馆,下载并阅读一本自己最感兴趣的电子书,谈谈电子书与纸质书的差异。

* 学习心得 *

_____

_____

_____

第三节　网络交流基本技能

网络交流是指通过网络（主要是指互联网）进行的交流。网络交流按照交流的时效性可以分为实时交流和非实时交流；按照交流的内容可以分为信息交流和文档资料交流；按照交流的形式可以分为文本交流、音频交流和视频交流。网络交流有很多专用的交流工具，如大家熟悉的QQ、MSN以及一些专门的视频会议系统等。这里以QQ软件为例说明如何利用网络进行交流。

QQ是深圳市腾讯计算机系统有限公司开发的一款基于Internet的即时通信（IM）软件。腾讯QQ支持在线文本聊天、视频电话、音频交流、点对点断点续传文件、共享文件、网络硬盘、QQ邮箱等多种功能，并可与移动通讯终端等多种通讯方式相连。通过QQ，学生可以方便、实用、高效地与教师和同学进行交流，实现信息的交互和共享。

一、QQ安装及注册

1. 下载与安装

用户可以从腾讯官网的软件中心下载QQ软件，网址为http://pc.qq.com/。打开腾讯软件中心页面后，在"腾讯软件"栏中找到最新发布的QQ正式版本，点击"下载"链接即可下载，下载完成后，双击下载的QQ软件安装文件，即可按照提示完成安装操作。

2. 注册与登录

安装完成后，运行 QQ。在登录界面上输入 QQ 账号和密码即可登录，如图 7.27 所示。

图 7.27　登录 QQ 界面

如果用户没有 QQ 登录账号，需要先注册并获得账号，具体操作方法如下：

（1）运行 QQ，点击 QQ 登录界面右边的"注册账号"链接，进入注册页面（如图 7.28 所示），输入昵称、密码、生日和所在地等信息，点击"立即注册"按钮即可。

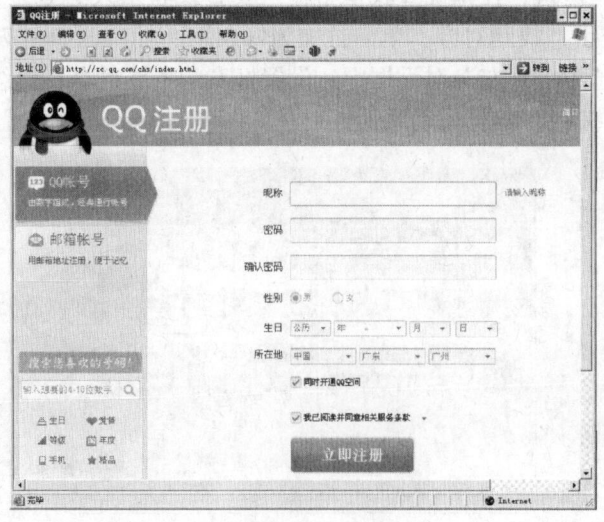

图 7.28　注册界面

（2）注册完成后，便可获得 QQ 号码，如图 7.29 所示，在页面中点击"登录 QQ"按钮就可跳转到登录界面，输入刚获得的 QQ 账号和密码，即可登录到 QQ 界面。

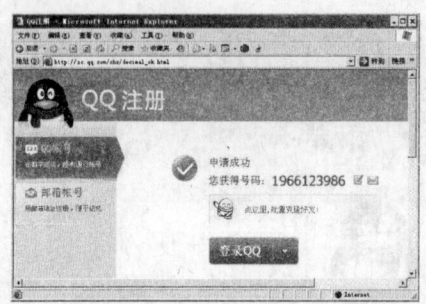

图 7.29　获得 QQ 账号

二、利用 QQ 交流信息

通过 QQ，用户可以很方便地进行网络交流，可以与 QQ 好友围绕一些学习问题开展即时的沟通和交流。

1. 查找、添加好友

登录进入 QQ 主界面后，在 QQ 主面板上单击"查找"，打开"查找联系人"窗口，在精确查找框中输入要查找联系人的 QQ 号码，点击"查找"按钮，找到对方，单击"加为好友"图标⊕（如图 7.30 所示），在弹出的"添加好友"对话框中，设置好友的备注姓名和分组后，点击"下一步"按钮，即可成功添加好友，如图 7.31 所示。

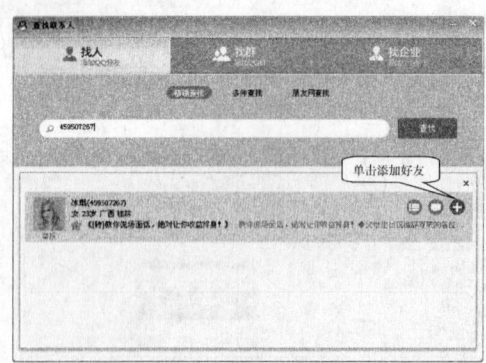

图 7.30　查找联系人

图 7.31 设置备注名和分组

 **特别提示**

> 新号码首次登录时，好友名单是空的，要和其他人联系，必须先添加好友。成功添加好友后，就可以体验 QQ 的各项功能了。

在"查找联系人"窗口中除了精确查找外，还可以按条件查找或在朋友网上查找用户。另外，不仅可以找单个的联系人，还可以找群或找企业。

2．与好友交谈

双击列表中的好友名，打开对话框，就可以与好友通过 QQ 进行即时交流。如果好友不在线，还可以给好友 QQ 留言。在聊天窗口中输入消息，点击"发送"即可，如图 7.32 所示。

3．视音频交互

用户除了可以与好友进行文字交流外，还可以进行即时的视频、音频交流，使交流更加真实可信。

双击好友头像，在窗口中单击"开始视频会话"图标，等待对方接受邀请后，便可与对方进行视频会话，如图 7.33 所示。

163

图 7.32 与好友交谈

图 7.33 视频会话

在 QQ 聊天窗口中单击"开始语音会话"图标，等待对方接受邀请后，就可以与好友进行音频会话了，如图 7.34 所示。

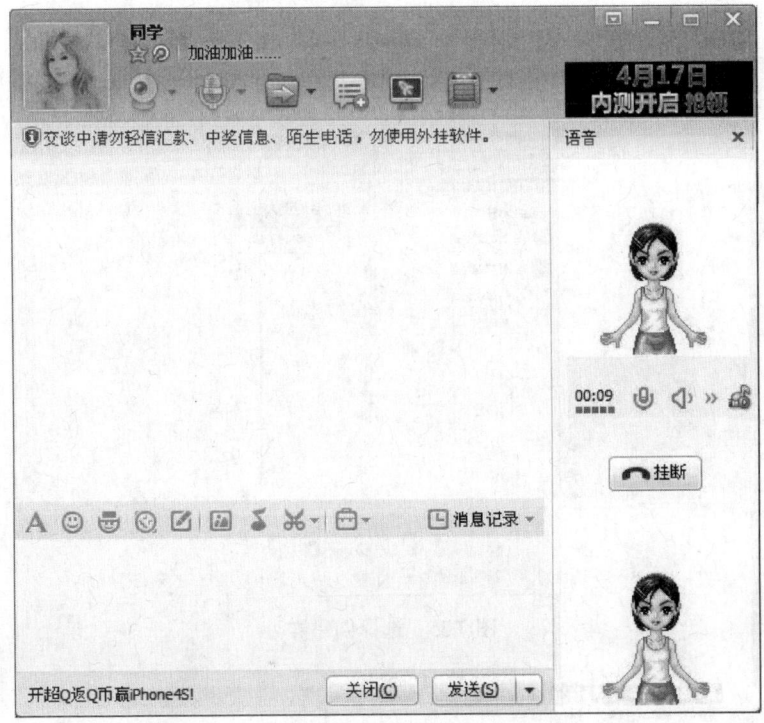

图 7.34 语音会话

三、利用 QQ 协作学习

通过 QQ，不但可以与好友进行一对一的交流对话，还可以与多个好友一起交流，实现协作学习，这一功能主要是通过 QQ 群实现的。

1. 创建 QQ 群

在 QQ 主面板上单击"群/讨论组"图标，就会显示 QQ 群列表，如果用户没有加入任何群，可以通过"查找联系人"窗口（如图 7.30 所示）查找添加群。用户 QQ 如果达到一定等级，也可以自己创建群，邀请好友加入。具体创建方法如下：

（1）单击"群/讨论组"选项中的"创建"按钮，选择"创建群"（如图 7.35 所示），则在网页浏览器中会打开"创建新群"网页，单击选择要创建的群类型，如图 7.36 所示。

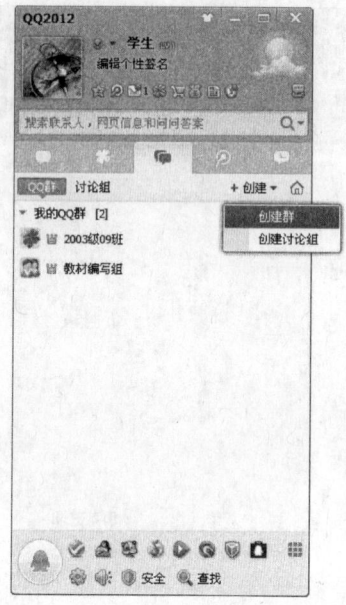

图 7.35 选择创建群

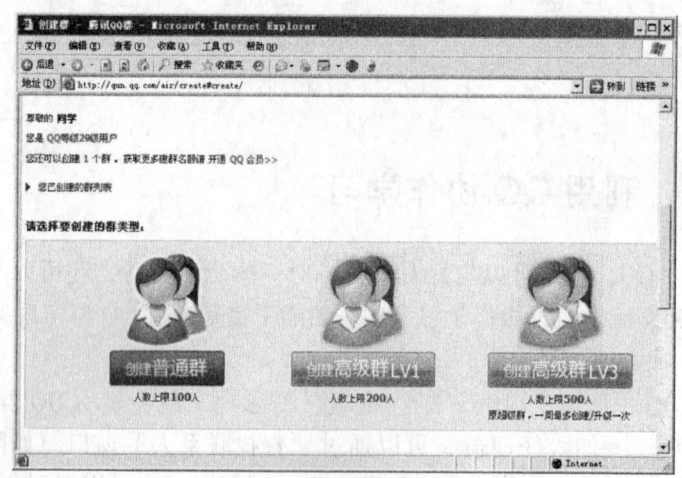

图 7.36 选择群类型

（2）选择群类型后，按需要填写群信息，包括群名称、群分类和群标签等（如图 7.37 所示），填好后点击"提交下一步"按钮，进入邀请群成员页面，用户可以从好友列表中选择群成员添加进群成员列表。添加好群成员后，点击"完成创建"按钮即可，如图 7.38 所示。

图 7.37 填写群信息

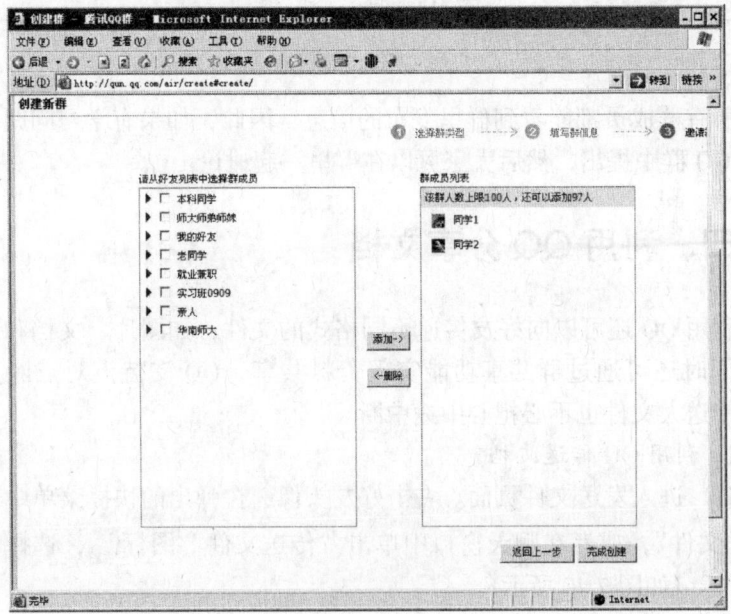

图 7.38 邀请群成员

用户建好群后,在 QQ 主面板"群/讨论组"中便可看到已建好的群。双击群图标,打开群对话窗口,便可与群成员一起交流讨论了,如图 7.39 所示。

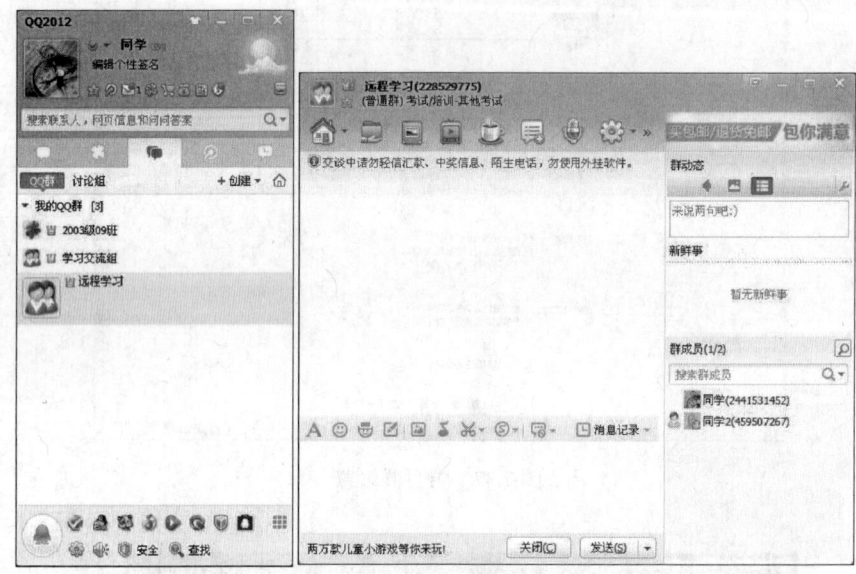

图 7.39　群会话

所有群成员都能看到群里发布的信息,因此,如果有学习问题,可以在 QQ 群中提出,然后大家可以在群里一起讨论。

四、利用 QQ 分享文档

利用 QQ 还可以向好友传递不同格式的文件,如图片、文档和歌曲等,同时还可通过群共享功能实现资料共享。QQ 支持点对点断点续传,传送大文件也不必担心中途中断。

利用 QQ 向好友发送一张图片

1. 利用 QQ 传送文档

(1) 进入发送文件页面。右击好友头像,在弹出的快捷菜单中选择"发送文件",或者在聊天窗口中单击"传送文件"图标,选择"发送文件"(如图 7.40 所示)。

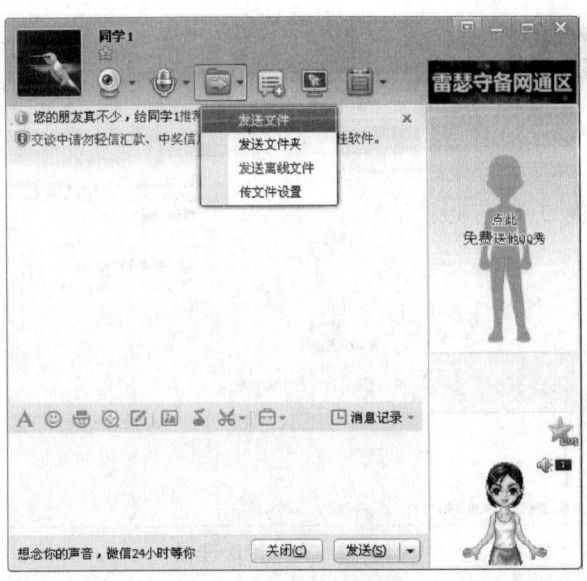

图 7.40 发送文件页面

(2) 在弹出的对话框中选择要发送的文件,如图 7.41 所示。

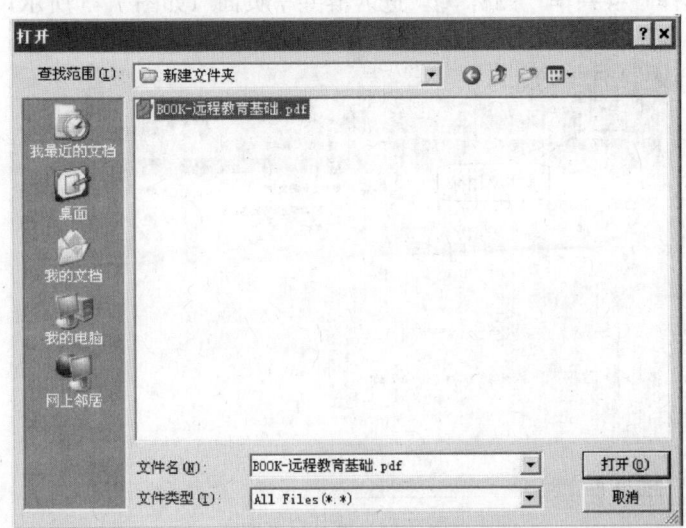

图 7.41 选择要发送的文件

(3) 连接成功后,聊天窗口右上角会出现传送进程(如图 7.42 所示),文件传送完毕后,QQ 会提示文件传送完毕。

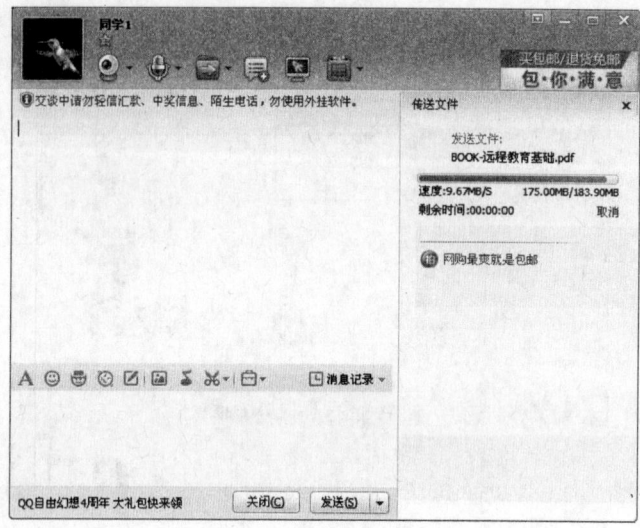

图7.42 文件传送进程

2. 利用"群共享"共享文档

(1) 进入群共享页面：双击所要共享文件的群图标，打开群对话窗口，选择"群共享"图标。进入群共享页面（如图7.43所示）。

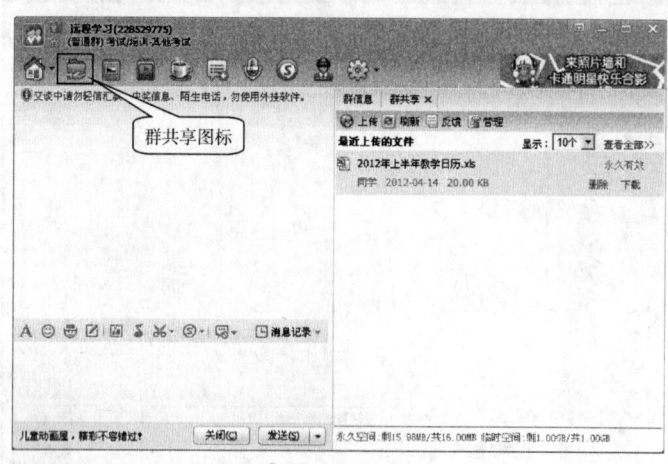

图7.43 群共享界面

(2) 在群共享页面中选择"上传"链接，会出现"上传文件"子窗口，如图7.44所示。

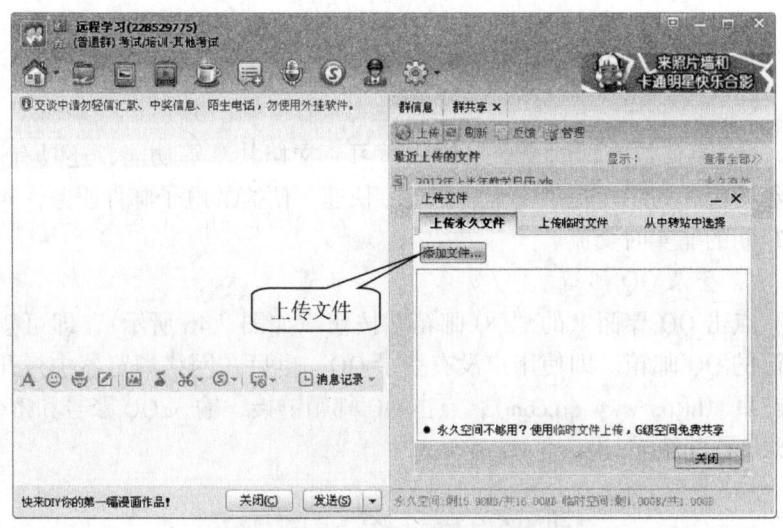

图 7.44 "上传文件"子窗口

（3）在"上传文件"子窗口中，单击"添加文件"按钮会弹出"打开文件"对话框，从中选择要上传的文件。

（4）确定要上传的文件后，窗口会出现上传进程（如图 7.45 所示）。文件上传完后，用户可在群共享页面中查看已上传的文件，并可下载或删除已上传的文件。

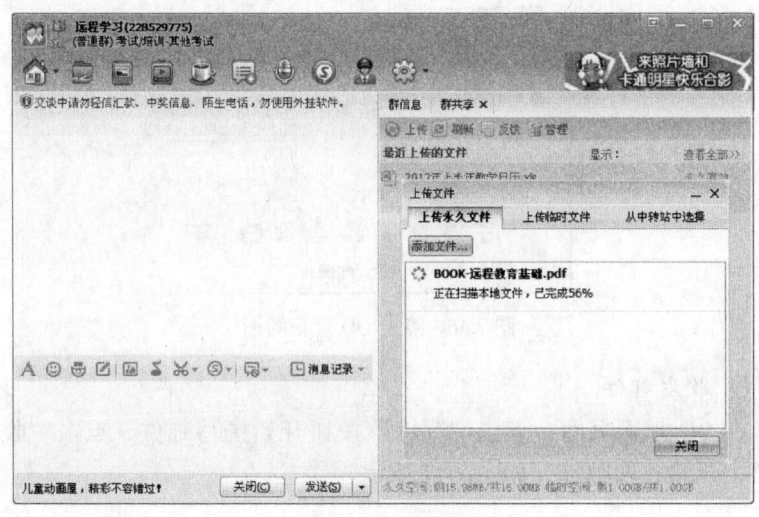

图 7.45 上传进程

五、利用 QQ 邮件交流

QQ 不仅具有即时交流、协作学习、文档共享等功能，还具有 QQ 邮箱功能，为用户提供安全、稳定、快速、便捷的电子邮件服务，实现用户间的非实时交流。

1. 登录 QQ 邮箱

点击 QQ 界面上的"QQ 邮箱"按钮（如图 7.46 所示），即可登录自己的 QQ 邮箱。即使用户没有登录 QQ，也可在网络浏览器中打开腾讯首页（http://www.qq.com），点击 QQ 邮箱链接，输入 QQ 账号和密码，登录 QQ 邮箱。

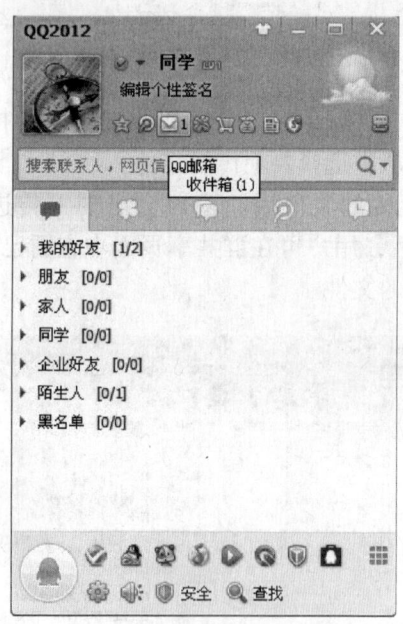

图 7.46　点击 QQ 邮箱图标

2. 收发邮件

在 QQ 邮箱页面，点击"写信"按钮开始撰写邮件，点击"收信"按钮，开始收取邮件，如图 7.47 所示。

向QQ好友发送一个邮件，邮件主题为"咨询"。

图 7.47 收发邮件

3. 群邮件

通过 QQ 邮箱页面中的"群邮件"按钮，用户可查看群邮件信息（如图 7.48 所示）。

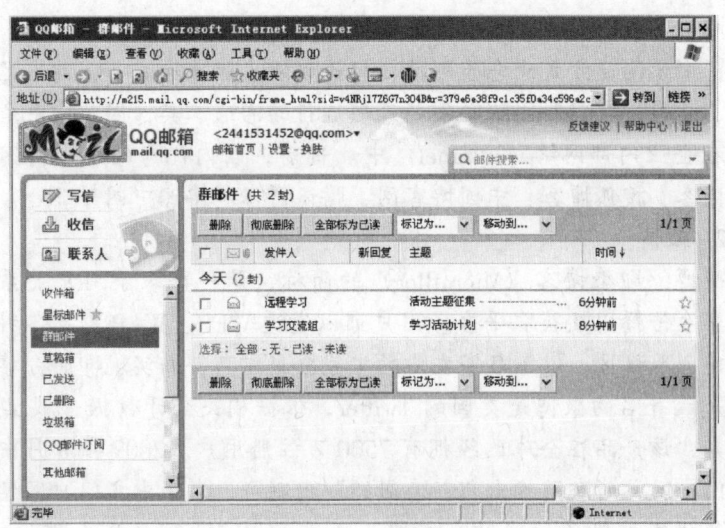

图 7.48 查看群邮件

除了通过QQ软件提供的几种常见网络交流方式外，学习者还可以利用博客、微博和BBS论坛进行交流。关于BBS论坛的使用方法，在第四章学习平台使用方法中有详细的介绍，这里不再赘述。

扩展阅读

博客与微博

1. 博客

博客（Blog），又译为网络日志、部落格或部落阁等，是一种通常由个人管理、不定期张贴新内容的网站。博客上的文章通常根据张贴时间，以倒序方式由新到旧排列。许多博客有专门或特定的主题。一个典型的博客结合了文字、图像、其他博客或网站的链接及其他与主题相关的内容。能够让读者以互动的方式留下意见，是许多博客的重要因素。大部分博客的内容以文字为主，是社会媒体网络的一部分。

主题讨论

博客与微博各有什么优缺点？

在网络上发表博文的构想始于1998年，但到了2000年才开始真正流行。起初博友只是将其每天浏览网站的心得和意见记录下来，并予以公开，以给其他人参考和遵循。但随着博客的快速扩张，它的目的与最初已相去甚远。目前，网络上博友发表和张贴博文的目的有很大差异。不过，由于沟通方式比电子邮件、讨论群组更简单和容易，博客已成为家庭、公司、部门和团队之间越来越流行的沟通工具，因此它也逐渐被应用在企业内部网络（Intranet）中。目前，国内优秀的中文博客网有新浪博客、搜狐博客、中国博客网、腾讯博客和博客中国等。

2. 微博

微博，即微博客（MicroBlog）的简称，是一个基于用户关系的信息分享、传播以及获取平台。用户可以通过WEB、WAP以及各种客户端组建个人社区，以140字左右的文字更新信息，并实现即时分享。最早也是最著名的微博是美国的Twitter，根据相关公开数据，截至2010年1月，该产品在全球已经拥有7500万注册用户。2009年8月中国最大的门户网站新浪网推出"新浪微博"内测版，成为中文门户网站中第一家提供微博服务的网站，微博正式进入中文上网主流人群的视野。2012年10月，有报告显示，截至2011年12月，中国微博用户总数达到 2.498 亿，成为世界第一大国。国内的微博代表有新浪微博、腾讯微博以及网易微博等。

微博客草根性更强，且广泛分布在桌面、浏览器和移动终端等多个平台上，有多种商业模式并存，或形成多个垂直细分领域的可能，但无论哪种商业模式，都离不开用户体验的特性和基本功能。

本节小结

通过本节的学习，学习者知道了利用网络交流手段，可以轻松地实现信息交流、协作学习、文档共享和信息发布等功能。其实，QQ 的功能比以上介绍得还要多，大家在使用过程中会发掘出越来越多的功能。

学习活动

1. 登录腾讯官方网站（http://www.qq.com），找到 QQ 软件，下载并安装最新版 QQ 软件。

2. 登录自己的 QQ，查找所属学习中心同学的 QQ 号，将其加为好友。

3. 登录自己的 QQ，加入所属学习中心的 QQ 群，并在 QQ 群中发布一条信息。

4. 进入 QQ 邮箱，发送一封邮件给 QQ 好友。

学习心得

_____

_____

第八章　移动学习技术

　　移动学习，是指学习者借助一定的移动终端设备，通过移动网络或无线网络随时随地获取数字化的教育信息或资源，不受时间空间限制进行学习的一种新型的数字化学习方式。随着移动互联网技术的飞速发展和各种移动、无线智能终端的迅速普及，移动学习以其灵活性、便利性，越来越多地受到学习者的认可和喜爱，也给人们的学习带来了极大的便利和自由。为了更好地发挥移动学习的作用，本章将会介绍一些与移动学习相关的知识，以帮助大家更顺利地开展移动学习。

一、内容框架

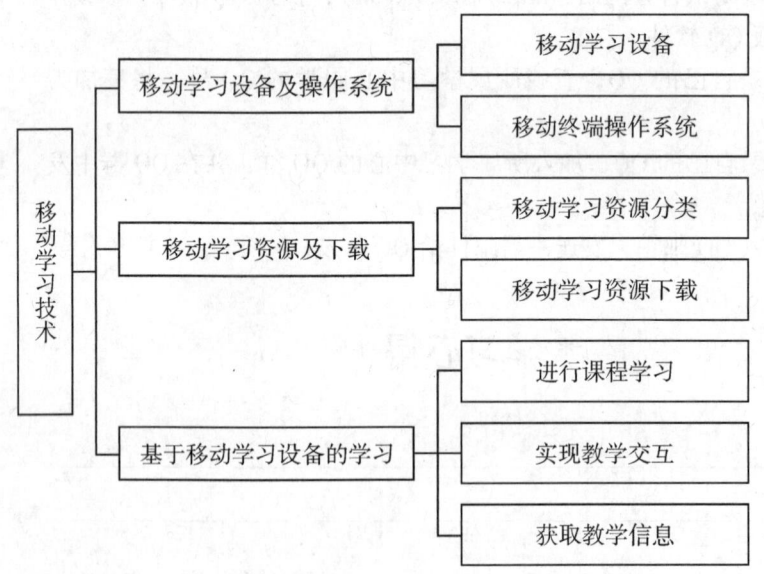

二、学习目标

通过本章学习，拟达到的学习目标有：
◇ 了解移动学习的设备及操作系统
◇ 熟悉移动学习资源及其下载方法
◇ 掌握获取移动学习资源的方法
◇ 掌握基于移动学习设备的学习技术

远程学习方法与技术

第一节　移动学习设备及操作系统

移动互联网，就是将移动通信和互联网二者结合起来，成为一体。移动通信和互联网成为当今世界发展最快、市场潜力最大、前景最诱人的两大技术，它们的增长速度是任何预测家未曾预料到的。二者优势相结合的移动互联网的优势决定其用户数量庞大，截至2012年9月底，全球移动互联网用户已达15亿，其中中国移动互联网用户数超过3亿，美国为1.1亿。用户使用移动互联网的首要条件是具有移动设备并能熟练应用于学习中。

一、移动学习设备

移动学习设备是指学习者在开展移动学习时使用的各种终端设备。终端设备是开展移动学习的物质基础，离开了终端设备，移动学习就无从谈起，因此，认识各种终端设备，了解它们的特性有利于用户选择适合自己的移动学习设备。

目前，市场上能够用来开展移动学习的终端设备很多。根据终端设备是否智能，可将其分为非智能终端设备和智能终端设备。智能终端设备有笔记本电脑、平板电脑、智能手机、电纸书（电子阅读器）、PDA（个人数字助理）等；非智能终端设备有普通手机、MP3、MP4、MP5、学习机和遥控设备等。终端设备多种多样并各有其功能和特性。

1. 智能终端设备

（1）笔记本电脑。笔记本电脑是最常见的移动学习设备。但是，笔记本电脑与其他移动终端设备相比，重量较重，体积较大，而且电池续航时间普遍不长，因此笔记本电脑便携性相对较差。从网络接入看，笔记本电脑支持 WLAN 接入，可利用移动网络接入互联网，甚至可以借助智能手机作为无线热点，让笔记本电脑借助手机的 GPRS 或 3G 流量上网。当然，笔记本电脑也有其自身的优势，如具有较大的屏幕、文字输入快捷和文档处理便利（如图 8.1 所示）。

图 8.1　笔记本电脑　　　　图 8.2　平板电脑

（2）平板电脑。平板电脑又叫 Tablet Personal Computer，也是常说的各种 Pad（平板）。电脑是一种小型、方便携带的个人电脑，以触摸屏作为其基本的输入设备。用户可以通过屏幕上的软键盘、手写输入或语音识别等方式进行输入。平板电脑在外观上与笔记本电脑差异较大，它就像笔记本电脑的显示器，但集成了笔记本电脑的全部功能。在平板电脑品牌中，以苹果公司的 iPad 最受欢迎，它外观精美小巧，很薄，就像一本书，可以直接放进随身携带的包里，具有良好的便携性（如图 8.2 所示）。但是，平板电脑也有一些不足，即手写输入相比键盘输入慢，软键盘操作不太方便，语音识别尚处于起步阶段，价格也相对较高。

（3）电子书。电子书是基于最新的电子墨水显示技术制造的类纸阅读器（如图 8.3 所示），它支持 PDF、CHM、TXT 等多种格式的文件，电子书具有显示清晰、舒适环保、不伤眼睛、容量大和便携性好的特性。此外，与手机相比，电纸书还具有辐射更小、耗电更少、显示效果更接近报纸效果的优点。目前国内知名电子书，有汉王电子书、清华同方电子书以及爱国者电纸书等；国外有亚马逊的 Kindle 电子书和 Sony 公司的 PRS 系列电子书等。

图 8.3　电子书　　　　图 8.4　智能手机

(4) 智能手机。智能手机又叫 smart phone，是具有独立操作系统，能安装第三方软件，并可通过移动通讯网络或无线网络实现网络接入的一种通信设备（如图 8.4 所示）。智能手机就像一台能移动的小电脑，功能强大。它具有以下优点：支持普通手机的全部通信功能；能独立安装第三方服务商提供的程序，帮助用户个性化地扩展手机功能。但是，目前智能手机也存在一些不足，如与普通手机相比其成本偏高，由于功能较多，对用户应用能力的要求也比较高。

2. 非智能终端设备

(1) 普通手机。普通手机是提供通讯功能或其他本地多媒体功能的通讯设备，它不具备独立的操作系统。普通手机一般不能安装第三方服务商提供的软件，但能通过 GPRS 进行一些简单的网页浏览。一些基于 Java 平台的普通手机也可以安装一些小程序，如 IM 通讯软件 QQ、有道词典和播放器等。

(2) MP3、MP4、MP5 播放器。MP3 播放器是播放 MP3 格式音频文件的播放设备。除了用于娱乐，它可以用于学习。例如，可以把学习材料的音频文件下载并存储到 MP3 播放器中并播放。MP4 播放器在 MP3 播放器的基础上增加了图像浏览和视频播放功能，MP5 较之 MP4，又有了很大的提高。MP4 播放器对视频格式有严格的要求，一般视频都要转换成.mp4 格式才能够进行播放，但 MP5 播放器几乎支持所有的视频格式，如 avi、asf、dat 和 rmvb 等。

(3) 学习机。学习机是一种电子教学产品，主要用于语言类学习，也可以进行一些简单的个人信息管理。随着信息技术发展和市场需求，越来越多的学习机产品全面兼容网络学习、情境学习、随身外教、单词联想记忆、同步教材讲解、互动全真题库、权威词典和在线图书馆等多种模式，在中小学教育中使用较多。

二、移动终端操作系统

移动终端操作系统是指运行在移动终端设备上的管理硬件与软件的操作系统。一般只有智能终端设备才能安装移动终端操作系统。目前市场上移动终端的操作系统很多，主要有苹果公司的 iOS、谷歌公司的 Android、诺基亚的 Symbian、微软的 Windows Phone、RIM 公司的 Blackberry Os 以及诺基亚与微软合作的 MeeGod 等。此外，还有基于

Android 二次开发的其他操作系统，如小米科技的 MIUI 和阿里云 OS 等。就中国市场而言，目前主流的操作系统是 iOS 和 Android。虽然 Windows Phone 操作系统目前不是主流的操作系统，但其应用前景广阔。

1. iOS 系统

iOS（又称 iPhone OS）于 2007 年发布，是苹果公司为 iPhone 开发的操作系统，以供 iPhone、iPod touch 以及 iPad 使用，该系统不能在非苹果公司的产品上安装运行。截至 2012 年 3 月，iOS 在美国智能手机移动系统的市场份额为 30%，目前开发的最新版本是 IOS 6.0。

iOS 的用户界面支持多点触控，支持滑动、轻触开关及按键。iOS 具有极高的稳定性和安全性，具有与其他操作系统的高度协作性。虽然 iOS 不开源，但是苹果公司前任 CEO 斯蒂夫·乔布斯说服各大软件公司以及开发者通过搭建低成本的网络应用程序（WEB APP）来使得它们能像 iPhone 的本地化程序一样在 iOS 平台上运行。2012 年 6 月 12 日，苹果 CEO 库克在 2012 全球开发者大会上宣布，苹果 App Store 下载量已突破 300 亿次。应用程序数量则达到 65 万款，其中 22.5 万为 iPad 应用。

2. Android 系统

Android（中文译作安卓）是由谷歌公司牵手 30 多家公司共同研发的，是一款基于 Linux 平台的开源手机操作系统，截至 2013 年，该系统已经开发到 5.0 版本。该操作系统最初主要用于手机，后来扩充到平板电脑及其他领域，其主要竞争对手是苹果的 iOS。据统计，截至 2012 年 3 月，Android 的市场份额已经超过 iOS，开始领跑智能手机操作系统市场。

Android 系统具有很强的竞争优势：一是其良好的开放性，Android 是一个完整、开放、免费的平台，在移动产业内形成了一个开放式的生态系统；二是应用程序无界限，Android 上的应用程序可以通过标准 API 访问核心移动终端设备，通过互联网，应用程序可以声明它们的功能可供其他应用程序使用。

 扩展阅读

Windows Phone

Windows Phone（简称：WP）是微软公司针对移动终端设备而开发的操作系统，是继其前身 Windows Mobile 之后推出的新操作系统。2010 年 10 月，微软公司正式发布了智能手机操作系统 Windows Phone，同时将谷歌的 Android 和苹果的 iOS 列为主要竞争对手。2013 年，该操作系统已开发至 Windows Phone 8.0 版本。

Windows Phone 在功能上主攻用户体验，力图打破人们与信息和应用之间的隔阂。其优秀功能表现在具有定制桌面、图标拖曳、滑动控制等一系列前卫的操作体验，同时还包括一个增强的触摸屏界面，更方便手指的操作。

本节小结

本节介绍了可以用来移动学习的终端设备及其特点。此外，本节还简单阐述了移动终端操作系统的相关知识。在认识了各种各样的移动设备及操作系统后，大家可以根据实际需要选择适合自己的移动学习设备。

学习活动

看看周围同事、朋友和自己的手机品牌和型号，并通过网络了解相关这些手机的配置，确定哪些属于智能移动学习设备，哪些属于非智能移动学习设备。

＊ 学习心得 ＊

_____

_____

_____

第二节 移动学习资源及下载

一、移动学习资源分类

随着移动终端的迅速普及，为移动设备制作的资源越来越丰富，移动学习的资源也越来越多。移动学习方式能够满足学习者随时随地学习的需要，但是移动学习也有自身的弱点，如学习环境不稳定，学习者的注意力容易受到外界环境干扰而分散等。移动学习资源的开发者们必须采取一些设计策略来帮助学习者克服移动学习的弱点，如通过学习资源的模块化和微型化，将每个片段的学习时间控制在 20 分钟以内；通过互动学习活动或游戏来保持学习者的注意力；通过多媒体元素组合刺激学习者的感官，引起注意。

主题讨论

程序型移动学习资源与非程序型移动学习资源各有什么特点？

从移动学习资源的媒体形式看，通常可以将移动学习资源分为文本型、图文型、音频型、视频型和动画型。同一学习资源可能只具有某一种最适合的媒体表现形式，但不排除采用多种媒体形式来表现。例如，英语的移动学习资源，既可以是文本型的，也可以是视频和音频型的。

从移动学习资源的包装形式看，可以将移动学习资源分为程序型移动学习资源和非程序型移动学习资源。

程序型移动学习资源是指移动学习资源被打包成为可以独立运行的应用程序。这种移动学习资源需要下载并安装后才能使用，目前基于 iOS 操作系统和 Android 操作系统的绝大部分学习资源都是打包成应用程序的，需要下载安装后才能使用。

非程序型移动学习资源是指学习资源可以直接打开使用，目前，远程教育院校为学生建设的移动学习资源基本属于这种类型，学生下载后能够直接使用。例如，Word 文档型学习资源、MP3 格式的音频学习资源和 MP4 格式的视频学习资源等。

二、移动学习资源下载

程序型和非程序型移动学习资源有不同的下载形式，非程序型移动学习资源下载相对简单，下载方法与常规学习资源下载方法相同，其操作方法见第七章的相关内容。

这里主要介绍程序型移动学习资源的下载。

由于目前市场上移动终端操作系统主要是 iOS 和 Android 系统，因此很多移动学习资源都是基于这两个系统开发的，因此，这里主要讲解基于 iOS 和 Android 的程序型移动学习资源的下载方法。

1. 基于 iOS 的移动学习资源下载

基于 iOS 系统的设备主要有 iPad 和 iPhone 两种类型，其移动学习应用程序的下载有两种方式：一是通过电脑从 iTunes 上下载应用程序，然后通过电脑安装到 iPad 或 iPhone 上；二是通过利用 iPad、iPhone 直接下载并安装应用程序。

（1）通过电脑下载 iTunes 上的资源。

① 登录苹果官方主页（http://www.apple.com.cn）点击标题栏 iTunes，打开 iTunes 页面，点击"免费下载"按钮下载并按照提示安装（如图 8.5 所示）。

图 8.5　iTunes 界面

提示：通常购买回来的苹果智能移动设备中已经安装好 iTunes，无须再下载。

② 从桌面或程序菜单中启动 iTunes，输入 iTuncs 的账号和密码即可登录（如图 8.6 所示），如果没有账号和密码，可以通过输入框下方的"创建 Apple ID"注册一个账号。

试从 iTunes 下载 1 个免费的英语学习资料到 iPad 或 iPhone

图 8.6 登录 iTunes

③ 登录 iTunes 界面后，点击右边的"所有类型"按钮，出现分类列表，选择所需要的应用程序类型。例如，选择教育类，然后再在教育类应用程序中选择自己喜欢的应用程序（如图 8.7 所示）。当然，如果已经知道应用程序的名称，可以直接在界面右上角的搜索框中输入想搜索的应用程序名称。比如，在搜索框中输入"新概念英语"，就会出现新概念英语相关的应用程序，有免费的，也有收费的。用户选中需要的应用程序，点击下载即可（如图 8.8 所示）。如这里选择"新概念英语单词 1～4 册"，进入该应用软件的信息页后，点击"免费 App"，即可下载（如图 8.9 所示）。

远程学习方法与技术
YUANCHENG XUEXI FANGFA YU JISHU

图 8.7 应用分类选择

图 8.8 应用程序搜索

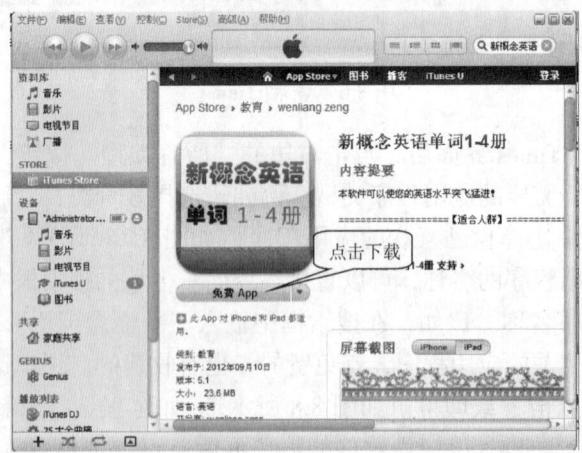

图 8.9 应用程序下载界面

④下载 iTunes U 中的教学资源。iTunes U 是最适合大学生的学习资源，主要由各高校发布的课程组成，其操作方式是：登录 iTunes 后，点击屏幕上方的 iTunes U 链接进入。点击 iTunes U 旁边的小三角，选择所需要资源的所属学科。从列出的资源中找到喜欢的资源，下载后就可以使用了（如图 8.10 所示）。

图 8.10　iTunes U 选择界面

（2）通过 iPad/iPhone 下载应用程序。

这里以 iPhone 为例介绍应用程序的下载：点击打开 iPhone 客户端上的 App Store 客户端（如图 8.11 所示）。

图 8.11　iPhone 手机桌面

图 8.12　iPhone 手机 App Store 登录界面

远程学习方法与技术

点击进入 App Store，输入用户名和密码登录（图 8.12）。进入 App Store 界面后，点击下方的"类别"选择"教育"类，就可以下载自己想要的学习资源了（如图 8.13 所示）。

图 8.13　应用分类选择

完成程序下载后，系统会自动安装到 iPhone、iPad 上，显示为一个特定的图标。点击图标就可以运行下载的应用程序了。

2. 基于 Android 的移动学习资源下载

Android 系统有很多应用市场（商店），本文以 Google Play 商店和豌豆荚为例介绍学习资源下载的操作步骤。

（1）从 Google play 商店下载应用程序。

打开手机客户端 Google play，如图 8.14 所示。

请从 Google play 中下载英语学习资源到移动学习设备上

图 8.14　Google play 商店

进入 Google play 商店，通过分类查找，找到"教育"类，并进入教育类资源陈列界面（如图 8.15 所示）。

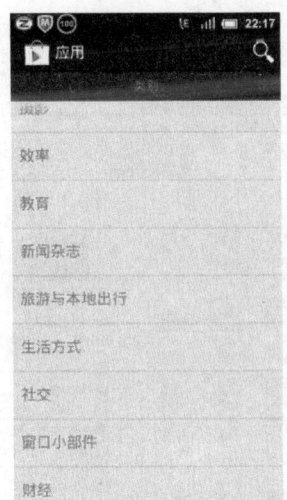

图 8.15　应用分类界面

选中要下载的资源，下载后安装运行即可。

（2）从豌豆荚下载应用程序。

首先将 Android 手机连接入电脑，启动 USB 模式，并启动电脑上安装的豌豆荚精灵程序（需提前安装好）。该程序能直接识别手机型号以及其中的相关信息，如图 8.16 所示。

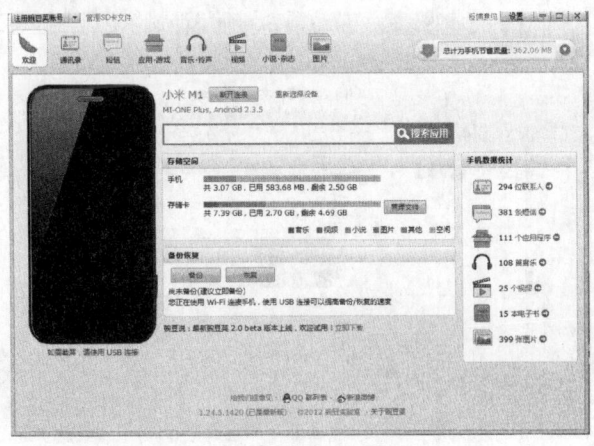

图 8.16　豌豆荚连接界面

点击导航界面上的"应用/游戏"进入应用管理界面（如图 8.17 所示）。界面左导航栏列出了很多 Android 应用商店。

图 8.17　豌豆荚应用程序首页

点击相应的 Android 市场，可以安装相关的应用程序。当然，通过界面中间的搜索按钮，也可以直接搜索想要安装的应用，还可以安装豌豆荚推荐的应用（如图 8.18 所示）。

图 8.18　应用程序界面

由于豌豆荚和手机是直接相连的，所以只需要在电脑上点击安装相应的程序就会自动安装到 Android 手机上。安装完成后，断开 USB 连接模式，在手机上启动刚刚安装的应用，就可以使用了。

本节小结

本节首先介绍了移动学习资源的类型，然后详细介绍了不同移动设备学习资源下载的方法。这是利用移动设备开展移动学习的第一步，因此大家一定要熟悉和掌握。

学习活动

下载并安装一个移动学习资源应用程序到自己的移动设备中，试用一下，并谈谈自己的学习感受。

学习心得

_____

_____

第三节　基于移动学习设备的学习

一、进行课程学习

移动学习设备因其便携性强，方便随身携带，能够真正实现学习者的随时随地学习。学习者利用移动学习设备可以进行以下几方面的学习。

1. 学习网络课程、完成课程作业

为适应移动学习的需要，有些远程教育院校专门开发了移动学习平台，建设了专门的移动学习资源。移动学习资源与普通学习资源相比，根据移动学习设备的性能和屏幕大小进行了优化，如将文件较大的网络课件或其他格式的网络课件转化成数据容量较小的 MP4 格式学习资源，通过转化后，网络课件就能够在移动学习设备上流畅播放了。

随着移动学习设备的性能的快速提升，利用移动学习设备访问传统网络学习平台也越来越轻松，特别是对于日渐流行的平板电脑，其网络浏览效果与普通电脑很接近（如图 8.19 所示）。

主题讨论

利用移动学习设备登录学习平台，请谈一谈利用移动学习设备进行学习的体会

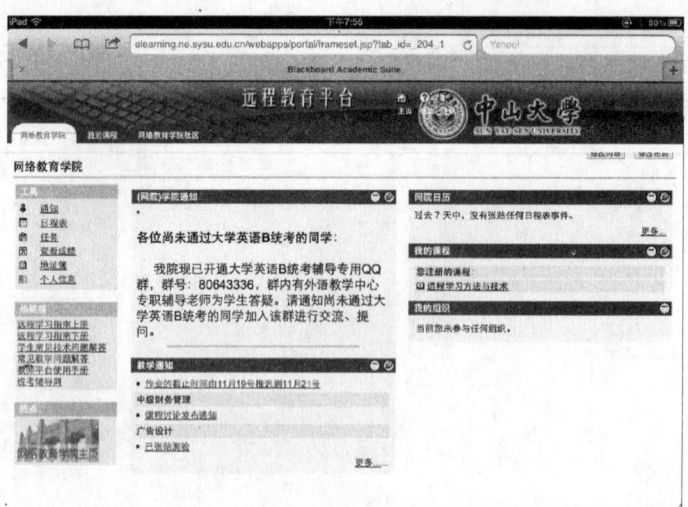

图 8.19　iPad 登录学习平台后的界面

远程学习者除了在移动学习平台上学习网络课程外，还可以利用移动学习设备完成课程作业（如图 8.20 所示）。

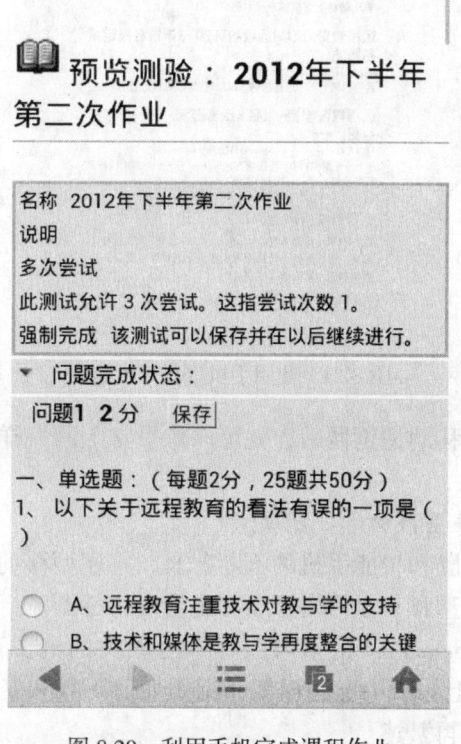

图 8.20　利用手机完成课程作业

2. 浏览网页、查询资料

利用移动学习设备上网查询资料也很方便，学习者只需要像使用 IE 浏览器一样，启动移动浏览器即可进行网页浏览。基于移动学习设备的移动浏览器也已经很多，最流行的是浏览器有 Uc 浏览器（Ucweb）、safari、欧鹏浏览器（opera）和手机 QQ 浏览器等。移动学习设备通常都自带了默认的浏览器，当然大家也可以下载安装自己喜欢的浏览器。现在，一些主流网站也已经根据移动学习设备进行了优化，如新浪、网易等，这样，学习者就能获得更好的网页浏览体验（如图 8.21 所示）。

远程学习方法与技术

图 8.21　利用手机进行百度搜索

学习者登录移动浏览器后，就可以像平常上网一样进行资料的搜索和下载。

3. 学习程序型移动学习资源

随着平板电脑和智能手机的不断普及，程序型移动学习资源会越来越多，利用程序型移动学习资源学习也会变得逐渐流行，学习者可以从 App Store 或 Google Play 搜索与课程学习相关的资源下载学习（如图 8.22 所示）。在上一节中已经详细介绍了如何下载和安装程序型移动学习资源，这里不再赘述。

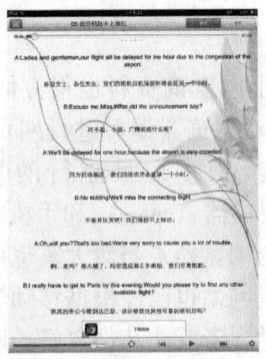

图 8.22　利用 iPad 程序型学习资源学习英语口语

二、实现教学交互

移动学习设备因其便携性和强大的通讯功能，已经变成了一种重要的教学交互工具。随着平板电脑和智能手机的快速普及，利用移动学习设备进行交互将变得越来越普遍。

1. 在课程 BBS 中交互

学习者可以登录移动学习平台或传统网络学习平台，进入课程 BBS 参与讨论，与教师和同学交流。其操作方法与通过电脑在 BBS 中交互的操作方法基本相同（如图 8.23 所示）。

图 8.23 利用手机在课程 BBS 中交互

2. 利用 QQ 软件进行交互

腾讯公司也开发了基于移动设备的移动 QQ 软件，下载安装后，也能像利用台式电脑中的 QQ 一样进行即时交流（如图 8.24 所示）。

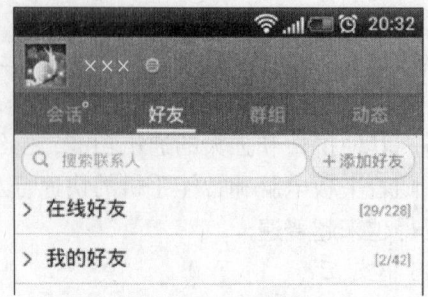

图 8.24　手机上的 QQ 界面

3. 利用电子邮件进行交互

移动学习设备的操作系统中都自带了邮件功能,学习者将自己的邮箱设置好后,就能通过平板电脑或手机收发邮件,与教师或同学进行教学交互了。这里以 Android 手机上的 QQ 邮箱设置为例,说明设置移动设备上邮箱的操作。

首先,选择 Android 手机上的电子邮箱图标(如图 8.25 所示),点击进入后选择邮箱类型,通常选择"其他(POP3/IMAP)"(如图 8.26 所示),然后在接收邮件服务器设置中输入自己的邮箱账号和密码,并在 POP 服务器中输入邮箱对应的 POP 服务器,然后选择"下一步"(如图 8.27 所示)。在 SMTP 服务器栏输入对应的服务器地址,选择"下一步"完成设置(如图 8.28 所示)。

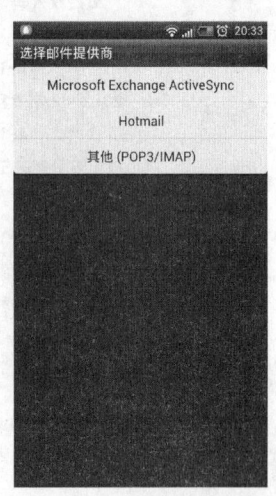

图 8.25　Android 手机邮箱图标　　图 8.26　邮箱设置界面

图 8.27　接收邮件服务器设置界面　　　图 8.28　发送服务器设置界面

完成邮箱设置后，点击邮件图标就能直接进入手机邮箱界面了（如图 8.29 所示），点击手机界面的"撰写"，就能撰写邮件（如图 8.30 所示）。

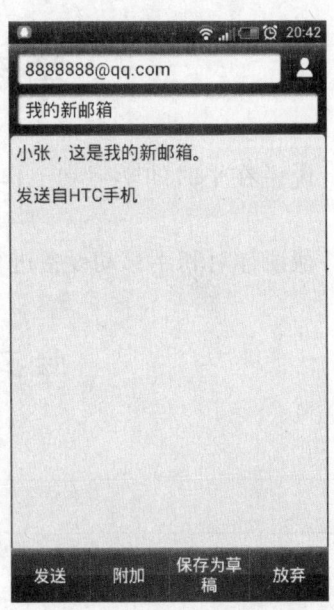

图 8.29　QQ 邮箱界面　　　　　图 8.30　撰写新邮件界面

除了上面所提到的 QQ 和邮件外，移动学习还可以通过微信和微博交互等应用进行教学交互。

三、获取教学信息

利用移动学习设备获取信息包括两方面：一是可以通过移动学习设备登录远程教育院校的网站和学习平台，浏览最新的教学安排和通知；二是可以通过接收远程教育院校或学习中心发送的短信或彩信，获取教学通知。

本节小结

本节主要介绍了利用移动学习设备进行学习的主要模式：利用移动学习设备可以学习网络课程及完成课程作业，参加学习交互和获取教学信息。也就是说，利用移动学习设备基本能够完成整个的学习过程。随着移动学习设备的性能不断提升和功能的强大，手机屏幕不断变大，移动学习设备具有替代个人电脑成为网络学习主体的趋势。

学习活动

1. 说说在平时的学习和工作中，曾经使用移动设备进行学习的经历。
2. 谈谈你对利用移动设备进行学习交互的看法。

学习心得

_____

_____

_____

参 考 文 献

1. 德斯蒙德·基更. 远距离教育基础（第二版）[M]. 丁新，译. 北京：中央广播电视大学出版社，1996.
2. 丁新等. 远程学习方法与技术 [M]. 广州：华南理工大学出版社，2006.
3. 丁兴富. 远程教育学 [M]. 北京：北京师范大学出版社，2001.
4. 方洲. 高校学习方法大全集 [M]. 北京：华语教学出版社，2011.
5. 武丽志. 现代教育技术 [M]. 广州：华南理工大学出版社，2009.
6. 许晓艺等. 网络学习方法 [M]. 北京：清华大学出版社，2008.
7. 张妙华，武丽志. 远程教育学——学与教的理论与方法 [M]. 广州：华南理工大学出版社，2008.

附　　录

中山大学网络教育相关部门联系方式

部　门	办公地点	办公电话	传　真
学院办公室	208	84111690，84112706	84112706
招生与学习中心管理部	206	84111033	84110810
远程教育教学部	408	84112177，84112038	84112038
远程教育学籍管理部	406	84111388，84111828	84111828
财务部	304	84111692	84111669

学院地址：广州市新港西路 135 号中山大学高等继续教育学院大楼（东门直入 50 米右边）